Gott finden im Meer der Möglichkeiten

Hans-Jürgen Abromeit

Gott finden im Meer der Möglichkeiten

Biblische Einsichten –
gewonnen in Pommern und anderswo

EVANGELISCHE VERLAGSANSTALT
Leipzig

Hans-Jürgen Abromeit, Jahrgang 1954, wirkte nach dem Theologiestudium in Wuppertal und Heidelberg und dem Vikariat in Jerusalem als Pastor in seiner Geburtsstadt Gevelsberg i. W., als Dozent in Münster und Schwerte und war von 2001 bis 2019 Bischof in Greifswald, zuerst der Pommerschen Evangelischen Kirche und dann Bischof im Sprengel Mecklenburg und Pommern der Nordkirche. Er ist verheiratet und hat fünf erwachsene Kinder.

Gefördert mit Mitteln der EKU-Stiftung (Wittenberg).

Bibliographische Information der Deutschen Nationalbibliothek
Die Deutsche Nationalbibliothek verzeichnet diese Publikation in der
Deutschen Nationalbibliographie; detaillierte bibliographische Daten
sind im Internet über http://dnb.dnb.de abrufbar.

Das Buch wurde auf alterungsbeständigem Papier gedruckt.

Cover: Zacharias Bähring, Leipzig
Coverbild: »Mönch am Meer« (C. D. Friedrich)
Satz: 3w+p, Rimpar
Druck und Binden: Hubert & Co., Göttingen

ISBN 978-3-374-07335-1 // eISBN (PDF) 978-3-374-07336-8
www.eva-leipzig.de

Vorwort

Das Bild »Mönch am Meer« (1808/1810) von Caspar David Friedrich drückt ein zu seiner Zeit völlig neues Lebensgefühl aus. Da steht einer allein, einsam am weiten Gestade des endlosen Meeres und sucht seinen Ort. Heinrich von Kleist fasste schon 1810 die Ausstrahlung des Bildes in die Worte: »Nichts kann trauriger und unbehaglicher sein als diese Stellung in der Welt: der einzige Lebensfunke im weiten Reich des Todes, der einsame Mittelpunkt im einsamen Kreis.«[1] Wo ist dieser Mensch zu Hause? Was schenkt ihm Heimat und Geborgenheit? Was gibt ihm Orientierung? Beim zweiten Hinschauen erkennt man: Das ist nicht irgendein Mensch, das ist ein Mönch, ein Mann Gottes. Er müsste doch bei Gott zu Hause sein. Hält er so die Weite, die Grenzenlosigkeit und die Einsamkeit aus? Wo finden wir heute unseren Ort und Orientierung im Meer der Meinungen und Optionen?

Als Bischof in Pommern (2001–2019) wurde ich in einer Zeit des Umbruchs und der Ratlosigkeit nach Orientierung gefragt und sollte sie geben in Predigten, Vorträgen und anderen Wortbeiträgen. Mein Koordinatensystem bildete die Heilige Schrift Alten und Neuen Testaments, genordet von den lutherischen Bekenntnisschriften und der Barmer Theologischen Erklärung. Ich legte es auf die Welt des heutigen Pommern, die so verschieden von der sonstigen geistigen Welt des beginnenden 21. Jahrhunderts nicht ist. Ich entdeckte in der pommerschen Geschichte geistige und kulturelle Größen, die mir halfen, Orientierung zu finden: Johannes Bugenhagen, Caspar David Friedrich und Dietrich Bonhoeffer. Spuren ihrer Theologie begegnen auf fast jeder der folgenden Seiten.

Immer ging es darum, uns unserer *Herkunft* zu vergewissern, von der uns gegebenen *Verheißung* uns leiten zu lassen und unseren *Auftrag* nicht aus dem Blick zu verlieren. Diese drei Stichworte gliedern diese Zusammenstellung meiner Predigten aus einer Vielzahl von mehreren Hundert. Weil sie Grundfragen ansprechen, bieten sie weit über ihre Entstehungssituation hinaus grundsätzliche Orientierung und helfen, bei Gott ein Zuhause zu finden. Bis auf eine Ausnahme (1. Mose 3) sind alle Predigten aus meiner Greifswalder Bischofszeit. Mit der Einführungspredigt (Matthäus 28) und der Verabschiedungspredigt (Lukas 24) umspannen sie die gesamte Amtszeit.

Dabei stand ich in einer wunderbaren Gemeinschaft. Ich war nie einsam, auch wenn ich mich manchmal so fühlte. Die Abschiedspredigt benennt den Dank für die Weggemeinschaft in 18 Jahren. Für diesen Predigtband bedanke ich mich bei Iris, meiner Frau, die mich stets, auch in Auseinandersetzungen, die für einen

---

[1]   Zitiert nach: Werner Hofmann, Caspar David Friedrich. Naturwirklichkeit und Kunstwahrheit, München 2000, 56.

Bischof nicht ausbleiben, stärkte und tröstete. Mit meinen theologischen Referenten spannten wir uns auf Zeit in ein gemeinsames Joch, um den Weg in brüderlicher Gemeinschaft zu suchen. Ich danke Torsten Amling (jetzt Langenbruck, Schweiz), Rainer Neumann (Greifswald), Markus Heide (Marburg), Michael Giebel (Altentreptow) und Carsten Brall (Bayreuth) für das gemeinsame Fragen nach dem Wort Gottes für uns heute. Die wichtigsten theologischen Gesprächspartner waren Michael Herbst (Greifswald) und Michael Welker (Heidelberg). Beiden fühle ich mich tief verpflichtet. Auch der Austausch mit Peter Böhlemann (Schwerte) und in letzter Zeit Patrick Todjeras (Greifswald) war stets hilfreich. Für konkrete Unterstützung bei der Erstellung dieses Bandes danke ich stud. theol. Stella Falgenhauer und Sarah Herzog.

Nach evangelischem Verständnis geschieht Kirchenleitung durch Auslegung der Schrift. Wer einen empirischen Blick auf die pommersche Kirche in der Zeit meiner Amtszeit werfen will, sei hingewiesen auf die Studie »Vielleicht schaffen wir die Trendumkehr«[2]. Dort werden die empirischen Rahmenbedingungen dargestellt. Dieser Predigtband lässt einen Blick in die mich leitenden biblischen Einsichten zu. Sie können überall helfen, in der grenzenlosen geistigen Weite der Gegenwart Klarheit für die nächsten Schritte zu finden.

Greifswald, Reformationstag 2022   Hans-Jürgen Abromeit

---

[2]   Patrick Todjeras/Benjamin Limbeck/Elisabeth Schaser, »Vielleicht schaffen wir die Trendumkehr«. Eine Studie zu Wachsen und Schrumpfen von Kirchengemeinden im Pommerschen Evangelischen Kirchenkreis, mit einem ergänzenden Kommentar von H.-J. Abromeit, Leipzig 2022.

Inhalt

Blick frei für das Wesentliche[1]

1. Petrus 1,3

Gelobt sei Gott, der Vater unseres Herrn Jesus Christus, der uns nach seiner großen Barmherzigkeit wiedergeboren hat zu einer lebendigen Hoffnung durch die Auferstehung Jesu Christi von den Toten.

1815 zeichnet Caspar David Friedrich (1774–1840) die Jacobikirche in Greifswald als Ruine. Was will uns der in Greifswald geborene Friedrich mit dieser Darstellung einer Kirchenruine aus seiner Geburtsstadt sagen? Hat dieser bedeutendste Künstler der Deutschen Romantik für die Kirche keine Hoffnung mehr? Welche kulturellen Ausdrucksformen findet die Ekklesiologie durch die Hände eines begabten Malers?

Kirche und Kultur – was für eine Beziehung wünschen wir uns? Darüber wird viel geredet. Entspricht unserer Vorstellung nicht eine Kirche mit kultureller Ausstrahlung und dem prophetisch-politischen Mahnruf zur rechten Zeit, der dann von den Politikerinnen und Politikern auch wirklich gehört wird? Wollen wir nicht als Kirche akzeptiert sein von Politik und Wirtschaft? Ja, wir wünschen uns eine Kirche, die ohne übergroße Anstrengungen in der Lage ist, ihre Aufgaben zu erfüllen, und die es schafft, ihre Kirchengebäude gut zu renovieren, hübsch herzurichten und zu beheizen, damit die Menschen gerne kommen.

Der Wochenspruch aus dem 1. Petrusbrief redet allerdings von einem anderen Alleinstellungsmerkmal für die Kirche, nämlich von einer Hoffnung, zu der man erst wiedergeboren werden muss. Es ist eine Hoffnung, die ihre Wirkung nicht aus Prunk und Machtentfaltung nimmt, sondern die durch das Sterben hindurchgeht und erst aus der Auferstehung Jesu Christi wächst. Mögen wir uns als Kirche auch wünschen, ästhetisch wertvolle Ausdrucksformen dieser Hoffnung zu besitzen, damit wir kulturell ausdrucksstark in die Gesellschaft hineinwirken können, so wirkt Gott doch oft ganz anders. Gott handelt häufig unter dem Anschein des Gegenteils. Man hat den Eindruck, es geht etwas zu Bruch. Doch in Wirklichkeit wächst das Reich Gottes. Eine Zeile aus dem Paul-Gerhardt-

---

[1]   Andacht bei der Kirchenkonferenz der EKD in Hannover am 3. April 2008.

Caspar David Friedrich, Die Jacobikirche in Greifswald als Ruine von 1817 (Bleistift, Feder, Aquarell), New York, The Pierpont Morgan Library, Inv.-Nr. 1996.149

Lied »Auf, auf, mein Herz, mit Freuden« bringt dies treffend zum Ausdruck: »Die Trübsal trübt mir nicht mein Herz und Angesicht, das Unglück ist mein Glück, die Nacht mein Sonnenblick« (EG 112,5).

Ich hatte letztes Jahr ein besonders schönes Erlebnis. Wir haben Gottesdienst in einer Kirchenruine gefeiert. Die 1987 zusammengestürzte Kirche von Rolofshagen, die 20 Jahre lang als Ruine dalag, ist vom Schutt befreit worden und wurde 2007 wieder eröffnet. Das ganze Dorf, viele Gäste, auch aus der Partnergemeinde in Schleswig-Holstein, nahmen daran Anteil. Als wir so miteinander Gottesdienst in der Ruine feierten, fiel mir Caspar David Friedrichs kleine Skizze der Jacobikirche in Greifswald als Ruine ein. Dieser Sohn Greifswalds, der Zeit seines Lebens immer wieder die Nähe seines Geburtsortes gesucht hat und die Jacobikirche und die anderen Kirchen in Greifswald gut kannte, dessen Geburtshaus nur circa hundert Meter von der Jacobikirche entfernt stand, wusste genau, dass diese Kirche nie eine Ruine gewesen ist. Aber wir wissen ja, nach welchem Grundprinzip Friedrich, der große Romantiker, gemalt hat. Er sagt: »Der Maler soll nicht bloß malen, was er vor sich sieht, sondern auch, was er in sich sieht. Sieht er aber nichts in sich, so unterlasse er auch zu malen, was er vor sich sieht.«

Was hat Friedrich in sich gesehen, das in einer Ruine besser zum Ausdruck kommen konnte als in der Darstellung einer vollendeten Kirche? Aus dem gleichen Motiv heraus hat er auch einmal den Dom zu Meißen als Ruine gemalt, der ebenfalls bis heute niemals zerstört worden ist, und immer wieder die Klosterruine Eldena, die bei uns, vor den Toren Greifswalds liegt. Ruinen, auch Kirchenruinen, haben ihre eigene Schönheit. Sie eröffnen den Blick auf das Wesentliche. Die äußere Pracht ist dahin, aber der wesentliche Inhalt zeigt sich noch in den Kirchen und Ruinen. Für diesen Inhalt bilden die Kirchen eine steinerne Hülle.

Die kleinen Menschenfiguren sind bei Friedrich immer ein Hinweis auf die Wirkung, die ein Gebäude oder eine Ruine auszulösen vermag. Schauen wir auf die beiden kleinen Personen links im Kirchenschiff am Fuße der Säule, so erkennen wir, wie sie auf den Kruzifixus blicken. Dieser ist klein und fast zu übersehen, aber für den Betrachter, der ihn einmal entdeckt hat, bestimmt das Kruzifix die Bildmitte zentral und gibt der ganzen Bleistiftzeichnung ihre innere Ausrichtung. Der an das Kreuz geheftete Jesus Christus ist das Ursymbol der Christenheit. Er steht für den innersten Kern des christlichen Glaubens. Dieses Zentrum des Glaubens ist Jesu Dienst für die Menschheit, sein Leiden und sein Kreuz, sein zugleich Sühne leidendes wie solidarisches Sterben.

Jemand hat gesagt, Kunst sei vor allen Dingen die Kunst des Weglassens. Es komme darauf an, allein den Blick auf das Wesentliche zu konzentrieren. Auch die imaginierte Ruine der Jacobikirche gibt den Blick frei auf das Wesentliche, auf den gekreuzigten Christus. So wird die Kirchenruine ein ganz besonderer Hinweis auf Gott. Caspar David Friedrich war ein frommer lutherischer Christ. Seine Spiritualität war eine Spiritualität des Kreuzes. Er wusste, dass die Gegenwart geprägt ist von den Konturen des Kreuzes Christi. Mit den Augen dieser Welt

t, sieht es so aus, als ob im Zentrum des christlichen Glaubens ein
rter steht.

Die Kraft der Auferstehung ist noch nicht die unser Leben erfüllende Wirklichkeit. Sie deutet sich in den Bildern Friedrichs in großer Gewissheit an, prägt aber nicht die Szenerie. Siege werden nicht durch die Macht des Kreuzes herbeigeführt, sondern durch die Ohnmacht des Gekreuzigten. Gott erreicht sein Ziel unter dem Anschein des Gegenteils. Man muss nur die rechten Augen haben, die nicht an den Maßstäben dieser Welt geschult sind, sondern die Wirklichkeit Gottes sehen gelernt haben. In Abwandlung des Mottos von Caspar David Friederich möchte ich deswegen für Kirchenleiterinnen und Kirchenleiter vorschlagen: Wer Kirche leiten will, lasse sein Handeln nicht bestimmen von der Wirklichkeit, die er vor sich sieht, sondern von der Wirklichkeit, die er in sich sieht. Sieht er aber dort nichts, lasse er es überhaupt, Kirche zu leiten.

Eine Kirchenruine als Leitbild für die Kirche? Nein, nicht so platt. Aber Friedrich weist uns auf die viel weitere Perspektive hin, unter der Gottes Handeln wahrzunehmen ist.

Auch der Wochenspruch aus dem 1. Petrusbrief lenkt unseren Blick auf das Wesentliche, auf das alles ankommt. Er weist uns hin auf eine Wirklichkeit, die nicht mit Händen zu greifen ist und die trotzdem eine reale Macht darstellt. Zu dieser »lebendigen Hoffnung« kann man aber nicht anders gelangen als durch »Wiedergeburt«, also durch ein Widerfahrnis. Sie ist ein Geschenk. Oft haben wir den Wochenspruch schon an Gräbern gesagt und damit Zeugnis abgelegt von der Ermöglichung dieser Hoffnung durch die Auferstehung Jesu Christi von den Toten. Angesichts des Todes und des Grabes gilt: Wir haben den Tod vor Augen und sprechen von Auferstehung. Wir können aber gar nicht anders, weil eben durch Gottes Tat an dem gekreuzigten Christus in uns diese lebendige Hoffnung entzündet worden ist. Auch wenn uns Todesrealität umgibt, wollen wir uns von der Wirklichkeit einer solch lebendigen Hoffnung leiten lassen. Manchmal nehmen wir als Kirchenleiterinnen und Kirchenleiter in dunklen Situationen um uns herum Ruinen und Scheitern wahr. Aber das ist nicht entscheidend. Entscheidend ist, dass wir uns leiten lassen von der Kraft der Ohnmacht, die in dem Gekreuzigten mitten unter uns wirkt. Entscheidend ist, dass wir Gottes Wirklichkeit schon jetzt unter uns entdecken und bereit werden, in dem Gekreuzigten den Auferstandenen zu erkennen. Gute Kirchenleitung klammert sich nicht an die sichtbare Kirche, sondern sieht Gottes Möglichkeiten auch dort, wo sie heute noch unsichtbar sind.

Herkunft

Die Erde pflegen und schützen[1]

1. Mose 2,4b–9.15

4 Es war zu der Zeit, da Gott der HERR Erde und Himmel machte. 5 Und alle die Sträucher auf dem Felde waren noch nicht auf Erden, und all das Kraut auf dem Felde war noch nicht gewachsen. Denn Gott der HERR hatte noch nicht regnen lassen auf Erden, und kein Mensch war da, der das Land bebaute; 6 aber ein Strom stieg aus der Erde empor und tränkte das ganze Land. 7 Da machte Gott der HERR den Menschen aus Staub von der Erde und blies ihm den Odem des Lebens in seine Nase. Und so ward der Mensch ein lebendiges Wesen. 8 Und Gott der HERR pflanzte einen Garten in Eden gegen Osten hin und setzte den Menschen hinein, den er gemacht hatte. 9 Und Gott der HERR ließ aufwachsen aus der Erde allerlei Bäume, verlockend anzusehen und gut zu essen, und den Baum des Lebens mitten im Garten und den Baum der Erkenntnis des Guten und Bösen. 15 Und Gott der HERR nahm den Menschen und setzte ihn in den Garten Eden, dass er ihn bebaute und bewahrte.

Vor vielen Jahren, Anfang der 80er-Jahre des letzten Jahrhunderts, fuhr ich einmal als junger Vater mit meiner damals zweieinhalbjährigen Tochter auf einem Schiff über das Mittelmeer. Wir wollten nach Haifa in Israel. Unserer kleinen Tochter versuchten wir gerade beizubringen, dass Abfall nicht einfach so herumzuwerfen war, sondern in einen Mülleimer gehörte und vernünftig entsorgt, gegebenenfalls recycelt werden sollte. Da entdeckte unsere Tochter eine leere Zigarettenschachtel auf dem Fußboden des Schiffes. Sie hob sie auf, trug sie zum nächsten Mülleimer, der an der Reling des Schiffes hing, und war ganz stolz, dass sie offensichtlich das Richtige getan hatte. In diesem Augenblick kommt jemand von der Schiffsbesatzung, der am Ende des Tages alle Mülleimer zu leeren hatte. Er nahm auch diesen Müllbehälter an der Reling aus der Halterung und schüttete ungerührt den gesamten Inhalt ins Meer. Sie hätten das Gesicht meiner Tochter sehen müssen. Es war ein einziger Ausdruck von Verwirrung und Enttäuschung.

---

[1] Gehalten in Gottesdiensten in der Ev. Marienkirche zu Grimmen und bei Greifbar+ in Greifswald am 28. September 2014.

Das war nicht nur ein Misserfolg in der Erziehung unserer Tochter, sondern wurde mir auch zum Bild für unseren Umgang mit der Natur. Wir leben in einer Wegwerfgesellschaft. Und wir meinen, dadurch, dass wir etwas weggeworfen hätten, sei es auch wirklich fort und vergangen. Dabei haben wir schmerzlich lernen müssen, dass das, was wir in die Natur hineinwerfen, auf die eine oder andere Weise auch wieder zu uns zurückkommt. Die Nitrate, die wir durch die Düngung in den Boden einbringen, erreichen uns durch das Trinkwasser wieder. Der Atommüll, der die Erde Jahrmillionen noch belasten wird, wird für die zukünftigen Generationen eine Bürde sein. Der Verbrauch der natürlichen Ressourcen durch ungehemmte Nutzung, durch Bau von Straßen, Häusern und Industrieanlagen, geht viel schneller, als dass sich die Natur wieder generieren könnte.

Hier, in diesem Bibeltext, in dieser »Urgeschichte«, finden wir ein anderes Bild für den Umgang mit der Natur. Die ersten Kapitel der Bibel nennen wir deswegen Urgeschichte, weil sie etwas schildern, was aller Geschichte zugrunde liegt. Sie erzählen nicht Ereignisse, die sich irgendwann einmal ereignet haben, sondern ein dauerndes Handeln Gottes, das unserem heutigen Erleben zugrunde liegt. Urgeschichte ist ein jeden Menschen betreffendes Geschehen zwischen Gott und Mensch, das sich immer wieder ereignet. Die ersten Kapitel der Bibel (1. Mose 1–11) legen die Grundlage dafür, wie der Mensch – jeder Mensch – zu verstehen ist, was unser Leben ausmacht und was das christliche Menschenbild auszeichnet. Die Bibel redet in Bildern. So ist der Garten Eden für sie nichts anderes als ein Modell der Welt, so, wie sie Gott sich gedacht hat, bevor der Mensch diese Welt durch seine Sünde zerstört hat. Und genau diese Welt gilt es »zu bebauen und zu bewahren« (Lutherübersetzung), bzw. »zu pflegen und zu schützen« (Gute Nachricht Bibel).

1. Der Mensch als Erdenwesen

Wir haben es hier, mit diesem Ausschnitt aus der biblischen Schöpfungsgeschichte, mit einer Überlieferung zu tun, die nach der Meinung der meisten Exegeten bis zum Beginn des ersten vorchristlichen Jahrtausends zurückreicht. Und zunächst geht es um die Adamah und den Adam, die Erde und den Erdling. In der hebräischen Sprache sind die Worte für Erde (Adamah) und Mensch (Adam) eng verwandt. Adam, das ist nicht irgendein bestimmter Mensch, sondern Adam, das ist der Mensch schlechthin. »Adam ist *der* Mensch, Adam bin ich.«[2] Schon das Wortspiel zwischen diesen beiden Wörtern für die Erde und für den Menschen zeigt uns die enge Beziehung zwischen Mensch und Erde. Wir Menschen sind von

---

[2]   Gottfried Voigt, Die lebendigen Steine. Homiletische Auslegung der Predigttexte der Reihe VI, Berlin 1983, 355.

der Erde genommen und werden – wie wir es bei jeder Trauerfeier aussprechen – wieder zur Erde zurückkehren.

Hierin schlägt sich die uralte Erfahrung nieder, dass der Mensch aus dem gleichen Material wie die ganze Schöpfung gemacht ist. Es drückt aus, dass die Absonderung und Distanzierung des Menschen von der übrigen Schöpfung ein Missverständnis von Gottes guter Schöpfung gewesen ist. Sogar die Rede von der »Umwelt« bringt uns auf eine falsche Spur. Da ist nicht der Mensch und auf der anderen Seite das, was ihn umgibt, sondern der Mensch ist ein Teil der Schöpfung. Zu Recht reden wir deswegen heute lieber von »Mitwelt«. Schon vor vielen Jahren hat deswegen der Theologe und Urwaldarzt Albert Schweitzer die in der Bibel angelegte Verflochtenheit allen Lebens miteinander so zum Ausdruck gebracht: »Ich bin Leben inmitten von Leben, das leben will.«

Gott hat Leben in diese Welt gebracht. So schildert auch das Bibelwort aus dem 1. Mosebuch die Erde als zunächst leblose Materie. Gott muss erst einmal zwei Voraussetzungen schaffen, damit er das Leben in die Welt bringen kann. Beide Voraussetzungen sind fein beobachtet und werfen bis heute ein typisches Licht auf das rechte Verständnis der Schöpfung. Die eine Voraussetzung ist das Wasser. Ohne Wasser, das wussten auch schon die Alten, gibt es kein Leben. Die andere Voraussetzung lautet: »Es braucht einen, der das Land bebaut.« Erst durch die Kultivierung wird das Land wirklich fruchtbar. Der Mensch ist nicht nur aus Erde geschaffen, sondern diese Erde ist auch auf den Menschen hin gedacht.

Die wechselseitige Beziehung zwischen Mensch und Erde ist in diesem Bericht von der Menschenschöpfung das Eine. Gott nimmt das Material von der Erde. Aber dazu kommt ein Zweites. Gott haucht dem aus der Erde geformten Menschen seinen Lebensatem ein.

Insgesamt sind es also drei Aspekte, die den Menschen zum Menschen machen. Zum einen ist der Mensch aus dem gleichen Stoff geschaffen wie die gesamte Schöpfung. Wir Menschen sind verwandt mit Pflanzen und Tieren. Zum anderen wird eindeutig herausgehoben, dass Gott diese unbelebte Materie lebendig macht. Das Leben kommt von Gott. »Da machte Gott, der Herr, den Menschen aus Erde vom Acker und blies ihm den Odem des Lebens in seine Nase. Und so wurde der Mensch eine lebendige Seele.« (V. 7) Die biblische Redeweise sagt auffälligerweise nicht, dass der Mensch eine Seele *hat*, sondern eine Seele *ist*. Der Mensch, dem von Gott das Leben geschenkt worden ist, ist eine Seele. All dies zeigt ein Drittes: Der Mensch wird immer im Gegenüber zu Gott verstanden. In allem, was wir tun und sind, sind wir auf Gott bezogen. Der Mensch wird von Gott angesprochen und muss sich vor Gott verantworten. Gott gibt dem Menschen einen bzw. mehrere Aufträge.

Wir alle haben von Gott Aufträge bekommen, die wir in unserem Leben erledigen sollen. Über die Ausführung dieser Aufträge werden wir Gott eines Tages Rechenschaft zu geben haben. Darf ich Sie einmal an dieser Stelle fragen: »Kennen Sie Gottes Aufträge für Ihr oder auch für unser Leben?« In der Schöpfungsgeschichte wird ein Auftrag eindeutig genannt. »Gott nahm den Menschen und setzte ihn in den Garten Eden, dass er ihn bebaute und bewahrte« (V. 15).

In unserem gesamten Umgang mit unserer Welt sollen sich diese beiden Aspekte widerspiegeln, das Bebauen und das Bewahren.

2. Gott will, dass wir seinen Garten pflegen

Viele, die diesen Bibeltext lesen, werden an dieser Stelle etwas wehmütig. Sie verstehen: Arbeit gehört von Anfang an zum Menschsein hinzu. Das Paradies ist nicht die Abwesenheit von Arbeit. Arbeit ist nicht erst eine Folge der Sünde. Tätig zu sein, ist Teil des biblischen Menschenbildes. Jeder Mensch braucht das Gefühl, gebraucht zu werden. Zum Menschsein gehört die Erfahrung »Ich kann etwas gestalten«, »Ich bin für etwas gut«.

In der Bibel finden wir keine Naturromantik, und auch in dieser Paradiesgeschichte nicht. Nicht die wilde und unbearbeitete Natur ist das Beste, frei nach dem Motto: »Einfach wachsen lassen!« Nein, der biblische Schöpfungsbericht gibt den Menschen den Auftrag, die Erde zu bebauen. Wir Menschen haben für diese Erde einen Gestaltungsauftrag. Wir sollen etwas aus dieser Welt machen. Wir dürfen und sollen den Garten so bearbeiten, dass er Frucht bringt. Eine wichtige Aufgabe des Gartens ist, dass durch seine Früchte die Menschen satt gemacht werden sollen. Denn die Erde macht es möglich, dass alle Menschen genug zu essen haben. Die Erde ist die Grundlage für Leben. Diese Aussagen machen deutlich, dass wir den Garten noch nicht richtig bebaut haben, denn allzu viele Menschen haben nicht genug zu essen, ja müssen sogar sterben. Es kann uns nicht zur Ruhe kommen lassen, dass auf diesem Erdball an jedem Tag 8.500 Kinder wegen Hungers sterben.

Zu Gottes Auftrag für unser Leben gehört zuerst einmal der Auftrag, konstruktiv zu arbeiten, sowie Phantasie und Ideen zu aktivieren, um etwas in Form zu bringen. Der Mensch ist ein Gestalter. Fahren Sie einmal in dieser Herbstzeit durch Vorpommern. Überall finden Sie schöne Gärten, mit denen Menschen versucht haben, diesem Gestaltungsauftrag nachzukommen.

3. Schöpfung bewahren

Seit einigen Jahrzehnten haben wir ein neues Thema. Gottes Schöpfung ist nicht etwas, was immer unverändert bleibt und selbstverständlich immer da ist. Wir haben gelernt: Gottes Schöpfung ist bedroht, sie kann auch untergehen. Schon die biblische Geschichte von der Sintflut zeigt uns auf eine sehr elementare Weise, wie aus der Schöpfung heraus durch die Sünde des Menschen eine Bedrohung des Lebens hervorgehen kann. Sie zeigt uns aber auch, dass Gott rettet und neue Wege aufzeigt.

Ganz neu in der Weltgeschichte ist, dass die Schöpfung heute von uns Menschen bedroht ist. Das rechte Verhältnis vom Bebauen und Bewahren ist aus dem Lot geraten. Der Versuch, die Erträge auf einem begrenzten Land stetig zu steigern, hat zu einer schlimmen Auspowerung der Böden geführt. Unser Umgang mit der Natur hat zur Vernichtung von Tausenden von Pflanzen und Tierarten geführt. Die größte Gefahr für unsere Erde und alle ihre Bewohner geht aber vom Klimawandel aus.

In der zurückliegenden Woche, bis gestern, tagte in Travemünde an der Ostsee die Landessynode der Nordkirche mit genau diesem Thema. Wir haben sie Klimasynode genannt. Wir sind erschrocken, dass die Jahresdurchschnittstemperatur sich in den letzten Jahrzehnten bereits um 0,8 °C erhöht hat. Hauptursache für den Anstieg der Weltdurchschnittstemperatur ist der unglaublich hohe CO_2-Ausstoß durch Energieerzeugung, nämlich durch Kohle, Öl und Gas. Die spannende Frage ist, welches Klima werden wir im Jahre 2100 haben? Der Weltklimarat rät dringend, dafür zu sorgen, dass der Temperaturanstieg nicht mehr als 2 °C beträgt. Eine der schlimmsten Folgen des Temperaturwandels ist das Abschmelzen der Polkappen, das Schmelzen der Gletscher und der Permafrostgebiete. Besonders durch das Abschmelzen der Antarktis und der in Grönland im Eis gespeicherten riesigen Wassermengen erhöht sich unser Weltwasserspiegel. Die Klimaforscher sagen einhellig, dass ein Durchschnittstemperaturanstieg der Welt um bis zu 2 °C gerade noch beherrschbar sein könnte. Der Meeresspiegel würde nur insoweit steigen, dass er an den meisten Orten noch durch Dämme zurückgehalten werden könnte. Ein ungebremster weiterer Anstieg von CO_2, dazu auch noch von Methangas, könnte im schlechtesten Fall einen Anstieg des Meereswasserspiegels in den nächsten Jahrhunderten von bis zu 60 Metern verursachen. Die Synode war sich darüber einig, dass die Menschheit alles tun sollte, was sie kann, damit das nicht passiert. Auch als Nordkirche sollten wir dazu unsern Teil beisteuern. Das betrifft vor allen Dingen das kirchliche Bauwesen und die Gebäudeunterhaltung, aber auch unsere durch Autoverkehr verursachten Emissionen und den Verbrauch von Materialien. Wir haben uns einen einjährigen Konsultationsprozess verordnet, an dessen Ende wir einen Plan miteinander vereinbaren wollen, wie wir als Nordkirche unsere Arbeit bis zum Jahre 2050 klimaneutral durchführen können. Unser Auftrag – und darüber waren wir uns einig – heißt: die Verantwortung für die Schöpfung wahrzunehmen und unsere Erde »zu behüten« oder »zu bewahren«.

Das alles ist nicht einfach. Der kleine Textabschnitt, den ich der heutigen Predigt zugrunde gelegt habe, steht ja auch in einem größeren Zusammenhang. Darauf weist in den vorgelesenen Worten der Vers 9 hin, wo von zwei Bäumen die Rede ist, die auch in diesem Garten stehen, nämlich der Baum des Lebens und der Baum der Erkenntnis. Gott hält beides für uns als seine Verheißung bereit. Gott schenkt uns das Leben und die Erkenntnis, die wir brauchen. Indem er Jesus Christus geschickt hat, hat er diese Verheißungen noch mal unterstrichen. Gott bleibt immer der Geber des Lebens. In Jesus Christus hat er es eindeutig gemacht, dass er beständig auf der Seite des Lebens steht. Die durch Jesus Christus erneuerte Erkenntnis kann uns helfen, heute diesen Weg des Lebens zu gehen. Es ist unser Auftrag, pfleglich mit Gottes guter Schöpfung umzugehen und sie den Generationen nach uns in einem lebenswerten Zustand zu überlassen.

Versuchung und Verantwortung

Eine Geschichte, in der wir vorkommen[1]

1. Mose 3,1–13

1 Aber die Schlange war listiger als alle Tiere auf dem Felde, die Gott der HERR gemacht hatte, und sprach zu der Frau: Ja, sollte Gott gesagt haben: Ihr sollt nicht essen von allen Bäumen im Garten? 2 Da sprach die Frau zu der Schlange: Wir essen von den Früchten der Bäume im Garten; 3 aber von den Früchten des Baumes mitten im Garten hat Gott gesagt: Esset nicht davon, rühret sie auch nicht an, dass ihr nicht sterbet! 4 Da sprach die Schlange zur Frau: Ihr werdet keineswegs des Todes sterben, 5 sondern Gott weiß: An dem Tage, da ihr davon esst, werden eure Augen aufgetan, und ihr werdet sein wie Gott und wissen, was gut und böse ist.

6 Und die Frau sah, dass von dem Baum gut zu essen wäre und dass er eine Lust für die Augen wäre und verlockend, weil er klug machte. Und sie nahm von der Frucht und aß und gab ihrem Mann, der bei ihr war, auch davon und er aß. 7 Da wurden ihnen beiden die Augen aufgetan und sie wurden gewahr, dass sie nackt waren, und flochten Feigenblätter zusammen und machten sich Schurze.

8 Und sie hörten Gott den HERRN, wie er im Garten ging, als der Tag kühl geworden war. Und Adam versteckte sich mit seiner Frau vor dem Angesicht Gottes des HERRN unter den Bäumen im Garten. 9 Und Gott der HERR rief Adam und sprach zu ihm: Wo bist du? 10 Und er sprach: Ich hörte dich im Garten und fürchtete mich; denn ich bin nackt, darum versteckte ich mich. 11 Und er sprach: Wer hat dir

---

[1]   Jerusalemer Invokavitpredigt über Genesis 3, gehalten in der Evangelischen Erlöserkirche zu Jerusalem am 8. März 1981. Außer aus den Kommentaren von Gerhard von Rad, Das erste Buch Mose. Genesis: ATD 2–4, Göttingen ⁹1972, und Claus Westermann, Genesis 1. Teilband: Genesis 1–11: BK I/1, Neukirchen-Vluyn ²1976, nahm ich darin Gedanken auf von Frank Crüsemann, »... er aber soll dein Herr sein« (Genesis 3,16). Die Frau in der patriarchalischen Welt des Alten Testaments; in: Ders./Hartwig Thyen (Hrsg.), Als Mann und Frau geschaffen. Exegetische Studien zur Rolle der Frau (Kennzeichen 2), Berlin 1978, 13–106; Theodor Jänicke, Adam wo bist du? Predigt über 1. Mose 3,1–13; in: Andreas Baudis u. a. (Hrsg.), Richte unsere Füße auf den Weg des Friedens. FS H. Gollwitzer, München 1979, 9–14; Gottfried Voigt, Die geliebte Welt. Homiletische Auslegung der Predigttexte. N.F.: Reihe III, Göttingen 1980, 142–149.

gesagt, dass du nackt bist? Hast du gegessen von dem Baum, von dem ich dir gebot, du solltest nicht davon essen?

12 Da sprach Adam: Die Frau, die du mir zugesellt hast, gab mir von dem Baum und ich aß. 13 Da sprach Gott der HERR zur Frau: Warum hast du das getan? Die Frau sprach: Die Schlange betrog mich, sodass ich aß.

Dieser Gottesdienst heute ist im Gemeindebrief angekündigt als »letzter Gottesdienst mit Vikar Abromeit«. Und weil ich mich mit diesem Gottesdienst von Ihnen verabschieden möchte, will ich über eine Geschichte predigen, in der wir vorkommen. Sie kennen diese Geschichte – auch wenn Sie sonst fast nichts aus der Bibel kennen sollten. Vielleicht wissen Sie aber nicht, dass diese Geschichte von Ihnen handelt. Denn die Handelnden in dieser Geschichte haben Namen und das sind nicht Ihre Namen. Und doch sind Sie gemeint. Das erklärt sich leicht, wenn man versucht, die Namen der beiden Personen unserer Geschichte zu verstehen.

Es sind zwei Hauptpersonen: ein Mann und eine Frau – so wie es eben auf der ganzen Welt und auch unter uns Männer und Frauen gibt. Der Mann heißt »Adam«. Aber man müsste nun eigentlich Hebräisch können, um zu verstehen, was gemeint ist. »Adam« ist kein Eigenname; »Adam« heißt Mensch. Unsere Geschichte meint darum nicht irgendeinen Menschen, irgendwann einmal, sondern sie möchte etwas aussagen über alle Menschen zu jeder Zeit und an jedem Ort. Darum kommen Sie und ich darin vor. – Ich möchte Ihnen die Geschichte erzählen. Passen Sie gut auf, damit Sie merken, wo Sie vorkommen!

Ich kann leider nicht ganz von vorn anfangen. Das würde zu lang werden. Ich setze mit dem 2. Akt des Dramas ein. Der 1. Akt schilderte, woher der Mensch kommt und wozu er da ist: Gott hat uns geschaffen zum »Bebauen und Bewahren«. Gott hat es in seiner Kreativität gefallen, den Menschen dazu als Mann und Frau zu schaffen. Gott gefiel die Schöpfung so, und den Menschen gefiel es auch. Als Gott dem Mann die Frau zuführte, brach der Mann in Jubel aus (2,23). Der 1. Akt des Schauspiels schloss dann so: *»Und sie waren beide nackt, der Mensch und seine Frau, und sie schämten sich nicht!«* – Dann fällt der Vorhang. Der letzte Eindruck, der uns bleibt, ist eine schamlose Freude.

Doch dann hebt sich der Vorhang zum 2. Akt, 1. Szene:

Die Versuchung

Personen: Die Schlange, die Frau (genannt »Eva«) – und der Mann (genannt »Adam«), Letzterer lediglich in einer Nebenrolle. – Achtung, es geht los: *»Aber die Schlange war listiger als alle Tiere auf dem Felde, die Gott der HERR gemacht hatte.«* Es ist keinesfalls zufällig, dass die Versuchung von einer Schlange ausgeht und nicht etwa von einem Eichhörnchen. Von jeher war die Schlange dem

Menschen unheimlich. Sie gilt vielfach als dämonisches Tier, als Verkörperung des Bösen. Aber in unserem Stück ist ganz deutlich: Selbst diese entsetzliche Verkörperung der bösen Kräfte untersteht Gott.

Gott hat selbst die Schlangen gemacht. Das heißt doch nicht weniger als dieses: Es gibt keine noch so böse Macht, der Gott nicht überlegen wäre! Selbst das furchteinflößendste Wesen steht noch unter Gott. Satan kann gegen Gott nichts ausrichten! Und wenn Sie etwas Schreckliches erleben, dann dürfen Sie wissen: Unser Gott ist größer! Und wenn Sie in diesem Land etwas Böses miterleben – und man kann hier Abgründe der Bosheit kennenlernen –, dann sollten Sie sich daran klammern: Unser Gott ist größer! Und wenn Ihnen jemand Angst machen will, dann halten Sie ihm entgegen: »Gott ist größer!«

Es ist nämlich eine teuflische Eigenschaft, Gott klein zu machen. So sagt die Schlange:

»Ja, sollte Gott gesagt haben, ihr sollt von keinem Baum im Garten essen?«
Nein – so kleinlich kann ja Gott wirklich nicht sein! Von keinem Baum im Garten?

So antwortet die Frau: *»Wir essen von den Früchten der Bäume im Garten; aber von den Früchten des Baumes mitten im Garten hat Gott gesagt: Esset nicht davon – rührt sie auch nicht an –, dass ihr nicht sterbet!«*

Sehen Sie: Wer den Versucher kennt, der weiß: Der Kampf ist schon verloren! Bei dem Versucher darf man sich auf keine Diskussion einlassen! Die verliert man nämlich immer. Wissen Sie, warum der Versucher schon gewonnen hat? Eva hat doch gelogen. Gott hatte nichts davon gesagt, dass der Baum nicht angerührt werden sollte. Das ist so ein Zaun um das Gebot Gottes. Eva ist sich im Grunde schon nicht mehr sicher, ob das Gebot Gottes richtig ist. Darum macht man dann das Gebot etwas größer und Gott etwas kleiner. Nein – nicht nur »nicht essen«. »Gar nicht anrühren!« Sicher ist sicher!

Nur die Unsicherheit verschärft die Gebote Gottes. Glaubensunsicherheit macht kleinlich. Glaubensgewissheit macht großzügig! Und der Teufel hat immer das letzte Wort:

»Ihr werdet keineswegs des Todes sterben, sondern Gott weiß: An dem Tage, da ihr davon esset, werden eure Augen aufgetan, und ihr werdet sein wie Gott und wissen, was gut und böse ist!« Das ist der Anstoß zur Sünde: Gott enthält euch etwas vor. Wo ein Mensch glaubt, Gott gönnt mir etwas nicht, da ist die Gemeinschaft mit Gott bereits zerbrochen. Wer Gott für kleinlich hält, der ist bereits der Versuchung erlegen!

»Und die Frau sah, dass von dem Baum gut zu essen wäre und dass er eine Lust für die Augen wäre und verlockend, weil er klug machte.« – Die Fortsetzung kann sich jeder denken: gut zu essen, eine Lust für die Augen, verlockend ... *»Und sie nahm von der Frucht und aß und gab ihrem Mann ... und er aß.«*

Nun ist es geschehen! Der Mensch hat sich auf die schiefe Bahn der Sünde begeben. Er hat sich gegen die Autorität Gottes aufgelehnt. Er wollte nicht Gott seinen Herrn sein lassen, sondern er wollte sein eigener Herr sein. Der Mensch will nicht Gottes guten Willen für sich akzeptieren, sondern seinen eigenen Willen durchsetzen. Und das ist die Sünde. Nun ist die durch die Schöpfung und die Ordnung Gottes gestiftete Gemeinschaft zerbrochen. Sünde heißt: Die Gemeinschaft mit Gott ist *zerstört*. Aber auch die Gemeinschaft der Menschen ist gestört: *»Da wurden ihnen beiden die Augen aufgetan, und sie wurden gewahr, dass sie nackt waren.«*

Hier fällt der Vorhang nach der 1. Szene des 2. Aktes. Die Geschichte der menschlichen Schuld hat begonnen. Diesmal bleibt lediglich eine Apfelkitsche auf der Szene, aber schon der nächste Akt schließt mit einer Leiche in einer Blutlache.

Vorhang auf zum 2. Akt, 2. Szene:

Die Verantwortung

Die Personen: Gott, der Herr. Adam, der Mensch schlechthin, und Eva, seine Frau.

»Und die Menschen hörten Gott den HERRN, wie er im Garten spazieren ging, als die Abendkühle hereingebrochen war. Und Adam versteckte sich mit seiner Frau vor dem Angesicht Gottes unter den Bäumen im Garten.«

Da hocken die Kumpanen im Gebüsch und verstecken sich vor dem Angesicht Gottes. Und Gott der Herr rief Adam und sprach zu ihm: »Wo bist du?« Und der Mensch antwortete: *»Ich hörte dich im Garten und fürchtete mich; denn ich bin nackt, darum verstecke ich mich.«*

Welch ein Szenenwechsel! Gerade noch die schamlose Freude von Mann und Frau aneinander – nun die sich vor Scham verzehrende Furcht voreinander und vor Gott. So kann Schuld die Verhältnisse ändern!

Und Gott sprach: »Wer hat dir gesagt, dass du nackt bist? Hast du von dem Baum gegessen, vom dem du nicht essen solltest?« Da sprach Adam: »Die Frau, die du mir gegeben hast, die gab mir von dem Baum, und ich aß.« Da sprach Gott der Herr zur Frau: »Warum hast du das getan?« Die Frau sprach: »Die Schlange betrog mich, sodass ich aß!«

Kennen Sie solche Dialoge? »Ich bin nicht schuld, du bist schuld!« »Ich bin nicht schuld, sie ist schuld – oder auch nicht eigentlich sie, sondern du. Du hast sie mir gegeben. Also bist du schuld! – Also: Wie konntest du mir überhaupt die Frau geben? Du hättest dir doch denken können, dass das schiefgeht!«

Die zwei Möglichkeiten, wie man versucht, seine Schuld loszuwerden, sind immer die gleichen geblieben. Entweder: Gott ist schuld! Nicht ich, nicht wir, nein, Gott ist schuld, wenn Kriege ausbrechen und grausam Menschenleben fordern. Gott hat Schuld an Auschwitz, nicht wir. – Die Frage heißt dann: Wie kann Gott das zulassen? Wie kann Gott zulassen, dass gerade in meiner Familie so viele schreckliche Krankheiten auftauchen?

Verstehen Sie mich bitte nicht falsch! Es gibt eine erlaubte Frage der Verzweiflung, die man nur Gott stellen kann: »Vater, wie konntest Du das zulassen, dass der kleine Junge unter das Auto kam, dass dieses Schreckliche passierte, ... dass diese Krankheit mich traf?!«

Aber das gibt es auch, dass die Frage »Wie kann Gott das zulassen?« nur gestellt wird, um die eigene Schuld loszuwerden. »Ich bin nicht schuld, Gott hat Schuld!«

Für Auschwitz, für die Kriege auf dieser Welt, für all den Unfrieden auf dieser Welt, da sind wir, wir Menschen verantwortlich. Und auch bei mancher Krankheit, die uns befällt, sollten wir uns erst einmal fragen: Haben wir sie nicht selbst verschuldet mit unseren Lebensgewohnheiten, mit unserem Essen und Trinken, mit dem Rauchen, mit der Angewohnheit, eine Unmenge von Tabletten in uns hineinzustopfen?

Es kommt zuallererst darauf an, zu seiner eigenen Schuld zu stehen, sie einzugestehen, und sie nicht abzuschieben auf Gott oder – und das ist ein zweiter beliebter Weg – auf die Verhältnisse.

Während der Mann die Schuld auf Gott abschiebt: »Die Frau, die du mir gegeben hast ...«, bezichtigt die Frau die Verhältnisse: »Die Schlange betrog mich, sodass ich aß! – Was kann ich dazu, dass es im Paradies Schlangen gibt? Die Verhältnisse sind eben so! Die Gesellschaftsstruktur des Paradieses bringt mit einer regelrechten Gesetzmäßigkeit Übertretungen des Gebotes Gottes hervor. Nun können wir uns höchstens darüber unterhalten, wie wir die Strukturen ändern, wie wir die Schlange aus dem Paradies herausbekommen. Aber nun die Schuldfrage zu stellen, ist geradezu unanständig, denn nicht ich bin schuld, sondern die Verhältnisse!«

Verstehen Sie mich bitte wiederum nicht falsch! Auf keinen Fall möchte ich abstreiten, dass es Gesellschaftsstrukturen gibt, auch unter uns, die Übertretungen der Gebote Gottes hervorrufen. Ja, es gibt Verhältnisse, die ein geradezu dämonisches Gefälle auf Schuld hin haben. Gerade das will unsere Geschichte ja auch sagen: dass die Versuchung von außen an den Menschen herantritt. Aber das ist keine Entschuldigung: Die Sünde ist unsere freie Tat, nicht die Folge äußerer Zwänge. Wir haben die Sünde gewollt, sie ist nicht über uns hereingebrochen: »Gut zu essen ... eine Lust für die Augen ... verlockend, weil sie klug macht«.

Wir haben die Sünde gewollt! Darum sollten wir endlich aufhören, so zu tun, als sei es Zufall, dass wir Sünder sind! Nicht die anderen, nicht Gott, nicht die Verhältnisse sind schuld, sondern wir. Diese »Haltet den Dieb«-Methode, mit der eigenen Schuld fertig zu werden, ist doch lächerlich und eines erwachsenen Menschen unwürdig! Dabei wäre das Eingeständnis unserer eigenen Schäbigkeit der erste Schritt in die Freiheit! Doch wir spielen dieses alte Theaterstück immer weiter. Uns fällt auch nichts Neues ein: »Ich bin nicht schuld, du bist schuld, die Verhältnisse sind schuld!« – Und Sie und ich, wir spielen mit.

Nur einer, der hat nicht mitgespielt. Wir haben es im Evangelium gehört: Als der Versucher an ihn herantrat, da hat er ihn von sich gewiesen. Nur der eine Mensch Jesus Christus hat dieses alte Stück nicht mitgespielt. Und sein Tod und seine Auferstehung ergeben auch für uns die einzige Möglichkeit, aus dieser Geschichte der Schuldverdrängung auszusteigen. Es beginnt mit dem Eingeständnis unserer Schuld, unserer eigenen Schäbigkeit. Es geht weiter mit der Anerkenntnis unserer Strafe, die nun auf ihm liegt, damit wir Frieden hätten.

Lassen Sie mich noch eine Geschichte erzählen, die einige unserer Gemeindeglieder am Strand von Netanya, etwas außerhalb, erlebt haben. Sie wurden Zeugen, wie eine israelische Militärstreife einen Araber misshandelte. Zwei, drei Mal traf ihn ein Schlag mit dem Gewehrkolben – ohne ersichtlichen Grund. Ein rumänischer Jude, der viel unter uns Deutschen gelitten hatte, beobachtete das auch. Er musste wohl gemerkt haben, dass die anderen Zeugen dieser Episode Deutsche waren, denn er lief zu ihnen hin und rief vor Scham erregt: »Das lag damals nicht an den Deutschen, und es liegt heute nicht an den Israelis oder den Arabern, sondern da ist etwas Böses im Menschen und das bricht hervor!«

Nein, es liegt nicht an den Völkern. Es liegt an jedem Einzelnen. Er ist verantwortlich für seine Tat! Und das Böse im Menschen, was immer wieder hervorbricht, bei uns hier und sonst wo, wird nur überwunden von dem Mann auf Golgatha. Wenn er das Böse und den Bösen nicht besiegt hätte, es gäbe keine Hoffnung mehr. Aber nun hat Jesus das Böse besiegt, und darum gibt es Hoffnung. Darum ist es nicht zum Verzweifeln – mit der Schuld, die wir Deutschen auf uns geladen haben, und mit den Verhältnissen, wie wir sie hier und anderswo antreffen.

Ist es eine Abschiedspredigt gewesen? – Ich weiß es nicht. Das Evangelium bleibt immer das gleiche: Angesichts des großen und weiten Herzens Gottes können wir getrost unsere eigene Schäbigkeit eingestehen. Wir haben nichts zu befürchten: Denn Gott selbst ist in unsere Schäbigkeit hineingekommen, damit wir herrlich würden. Das ist das alte Evangelium. Wir wollen dabei bleiben – Sie und ich. Das wünsche ich mir, wenn unsere Wege sich nun trennen.

Das alte Babylon und das neue Jerusalem[1]

1. Mose 11,1–9

1 Es hatte aber alle Welt einerlei Zunge und Sprache. 2 Als sie nun nach Osten zogen, fanden sie eine Ebene im Lande Schinar und wohnten daselbst. 3 Und sie sprachen untereinander: Wohlauf, lasst uns Ziegel streichen und brennen! – und nahmen Ziegel als Stein und Erdharz als Mörtel 4 und sprachen: »Wohlauf, lasst uns eine Stadt und einen Turm bauen, dessen Spitze bis an den Himmel reiche, damit wir uns einen Namen machen; denn wir werden sonst zerstreut in alle Länder.«

5 Da fuhr der Herr hernieder, dass er sehe die Stadt und den Turm, die die Menschenkinder bauten. 6 Und der Herr sprach: »Siehe, es ist einerlei Volk und einerlei Sprache unter ihnen allen und dies ist der Anfang ihres Tuns; nun wird ihnen nichts mehr verwehrt werden können von allem, was sie sich vorgenommen haben zu tun. 7 Wohlauf, lasst uns herniederfahren und dort ihre Sprache verwirren, dass keiner des andern Sprache verstehe!«

8 So zerstreute sie der Herr von dort in alle Länder, dass sie aufhören mussten, die Stadt zu bauen. 9 Daher heißt ihr Name Babel, weil der Herr daselbst verwirrt hat aller Welt Sprache und sie von dort zerstreut hat über die ganze Erde.

Wir erleben gerade eine Geschichte, die der ganz ähnlich ist, die wir gerade gehört haben. Wir sehen mit eigenen Augen, was passiert, wenn Menschen meinen, mit ihrer Fähigkeit zu konstruieren und ihrer Technik alles beherrschen zu können, sei ihnen keine Grenze gesetzt. In der Rücknahme der Laufzeiten für Atomkraftwerke[2] liegt eine Kritik an einem Menschenbild, das meint, ihm wäre alles

---

[1]   Predigt im Dom St. Nikolai zu Greifswald am Pfingstmontag, dem 13. Juni 2011.

[2]   Im Juni 2011 standen wir in Deutschland in der Schlussphase einer äußerst kontroversen Diskussion über die Laufzeit von Atomkraftwerken. Die erste rot-grüne Bundesregierung unter Kanzler Gerhard Schröder hatte im Jahr 2000 den grundsätzlichen Ausstieg aus der Energieerzeugung durch Atomenergie beschlossen. Die letzten Atomkraftwerke (AKWs) wären danach in den Jahren 2015–2020 abgeschaltet worden. Die schwarz-gelbe Bundesregierung unter Kanzlerin Angela Merkel fügte in das Atomgesetz im Oktober 2010 eine acht- bis vierzehnjährige Verlängerung der Laufzeiten der AKWs ein. Nach dem Atomunfall mit

verfügbar. Der heutige Predigttext am Pfingstfest gibt uns Kategorien an die Hand, die helfen zu verstehen, was gerade vor sich geht. Gleichzeitig darf es nicht nur beim Abschalten von Atomkraftwerken bleiben. Der alte Geist der Machbarkeit, der meint, ihm sei alles möglich, muss abgelöst werden durch den Geist des Pfingstfestes, der weiß: Das gute Leben wird uns allein von Gott geschenkt.

In der Bibel gibt es zwei Städte, die als Synonym für diese beiden Lebensweisen stehen: das alte Babylon und das neue Jerusalem. Babylon ist die Stadt, die Gott überflüssig machen will; Jerusalem ist die Stadt, in der Gott selber wohnt und deswegen das menschliche Leben beseelt.

Es ist schon mehr als erstaunlich, wie Menschen vor mehr als dreitausend Jahren mit der Geschichte des Turmbaus zu Babel die Probleme thematisieren, die technische Entwicklung und wissenschaftlicher Fortschritt auf die Tagesordnung setzten. Offensichtlich litten bereits die Alten darunter, dass sie mit zunehmendem technischem Fortschritt wahrnahmen, wie sich die Menschheit nicht mehr versteht und uneins ist. Auch heute reden wir von einer zerspaltenen Gesellschaft. Wir haben vor Augen, wie Menschen sich z. B. im Hinblick auf die Nutzung der Atomkraft überhaupt nicht verstehen oder im Hinblick auf Stuttgart 21 sogar Straßenschlachten liefern.

Eine andere Erfahrung scheint nicht neu zu sein. Wir erleben heute, wie Technik das Gespräch stört und Gemeinschaft verhindert. Wenn Bildschirme, die Fernsehmattscheibe, Computerspiele oder das Smartphone, also der virtuelle Dialog im Internet das reale Miteinander in der Familie behindern. Der heutige Predigttext zeigt uns, wie es zu Verständnisschwierigkeiten unter Menschen kommt. Und sie haben gemerkt, dass es einen Zusammenhang gibt zwischen dem Fortschritt der Technik und den Störungen der menschlichen Kommunikation. Je größer die technischen Erfolge des Menschen werden, desto stärker scheint sich der Mensch von sich selbst, seinem Nächsten und Gott zu entfremden. Das ist die Babel-Erfahrung, die hinter unserem Bibeltext steht.

Aber – sagten sich die Alten – das kann doch Gott nicht gewollt haben, dass die Menschen sich so missverstehen. Gott will doch, dass die Menschen aufeinander zugehen und sich gegenseitig akzeptieren. Gott hat die Menschen so geschaffen, dass sie sich verstehen können. Darum beginnt die Geschichte vom Turmbau zu Babel so:

»Damals hatte alle Welt einerlei Sprache und einerlei Worte.« Das heißt, man hatte die Voraussetzung, sich verstehen zu können. Gott hatte es so eingerichtet, dass Gespräch und Gemeinschaft möglich waren. Gott hatte einzelne Menschen

---

dem Austreten großer Mengen radioaktiven Materials infolge eines Erdbebens in Fukushima (Japan) am 11. März 2011 beschloss die gleiche Bundesregierung zunächst ein dreimonatiges Atommoratorium und anschließend die Rücknahme der Laufzeitverlängerungen, die dann am 30. Juni 2011 im Bundestag mit großer Mehrheit Gesetzeskraft erlangte.

geschaffen. Die hatten sich aber nun vermehrt, und aus ihnen waren Völker geworden.

1. Baupläne ohne Ende?!

Und nun treten die Menschen in Aktion. Was machen sie? – Sie bauen! Es ist fast zum Lachen. Aber das Bauen scheint etwas zu sein, was zum Menschsein hinzugehört. So wie der Mensch essen und trinken muss, so muss er anscheinend auch bauen. Wir beobachten es auf den Kinderspielplätzen und deren Sandkästen. Wir sehen, wie Heranwachsende sich Buden und Baumhäuser bauen. Und kaum ist eine Familie gegründet, geht das ganze Streben danach, sich ein eigenes Haus zu errichten. Wenn Menschen zusammenkommen, dann bauen sie. Keine Kirchengemeinde ohne einen Bauausschuss und keine Stadt ohne einen Skandal in Bausachen. Zum Menschen gehört die Selbstverwirklichung im Bauen hinzu, aber eben auch die Schattenseiten desselben. So geht es auch mit der Geschichte vom Turmbau zu Babel. Zuerst sucht man einen Bauplatz (V. 2), dann (V. 3) trägt man Baumaterialien zusammen. Und man nutzt den allerbesten Backstein. Die Archäologen sagen uns, dass der babylonische Turm außen mit glasierten Ziegeln verkleidet war. Schließlich schreitet man zur Bauplanung: »Wohlauf, lasst uns eine Stadt und einen Turm bauen, dessen Spitze bis an den Himmel reiche, damit wir uns einen Namen machen« (V. 4).

Wenn es stimmt, dass zum Menschsein das Streben nach Gestaltung und Selbstverwirklichung im Bauen dazugehört, dann müssen wir uns fragen, was sich denn hier verwirklicht. Offensichtlich steckt im Menschen auch der Trieb, immer etwas größer zu bauen, als es eigentlich notwendig gewesen wäre. Ein hübsches Dach über dem Kopf würde doch zur Selbstverwirklichung ausreichen. Aber die Menschen brauchen keinen babylonischen Turm, der bis an den Himmel reicht!

Warum bauen wir immer mehr, als wir brauchen? Wir bauen Häuser, die größer und aufwändiger sind, als dass wir sie wirklich nutzen können. Kirchen haben Renovierungen nötig, aber wir meinen, mehr machen zu müssen, als es die Nutzung erfordert, um uns einen Namen zu machen, damit die Nachwelt, wenn sie diesen Umbau vor Augen hat, sich auch an uns erinnert. Da werden städtische Bauten, vielleicht Schwimmbäder errichtet, die sich durch die Nutzung gar nicht tragen können. Da werden Häfen gebaut, die gleich wieder versanden. Wir mussten in unserer pommerschen Kirche diakonische Einrichtungen abgeben, weil sich die Leitung durch überdimensionierte Bauprojekte verkalkuliert hatte und nun zahlungsunfähig geworden war. Und das deutlichste Beispiel haben wir mit den Atomkraftwerken vor Augen, die all unsere Energiefragen lösen sollten, aber viele neue Probleme, angefangen von der Entsorgung bis hin zur Sicherheit, auf den Plan gebracht haben. Warum bauen wir mehr, als wir brauchen, warum baut der Mensch seine babylonischen Türme? Welche Sehnsüchte und Ängste verwirklichen sich in unangepassten und übermäßigen Bauvorhaben? Leider sind wir nicht so ehrlich wie die Leute von Babel, die freimütig bekennen: »Los, lasst uns eine Stadt bauen und einen Turm, dessen Spitze bis an den Himmel reicht, denn wir wollen uns einen Namen machen und nicht zerstreut werden in alle Länder!« (V. 4 n. J. Zink)

Ganz offen sprechen die Leute von Babel aus, warum sie sich ihren Turm bauen wollen. Die Sehnsucht nach »einem Namen« treibt sie. Sie wollen sich – wie man ganz treffend sagt – »verewigen«, indem sie sich selbst dieses steinerne Denkmal setzen!

Ist Babel nicht auch in uns und um uns? Wer kennt nicht die Sehnsucht nach einem großen Namen? Welcher Schulleiter würde sich nicht freuen, wenn eine Schule nach ihm benannt würde? Welcher Pfarrer hat nicht Gefallen daran, wenn eine Straße nach ihm heißt? Jede Ausgabe einer Zeitung und jeder Sitz im Greifswalder Theater mit dem Namenstäfelchen auf der Rückenlehne zeigt uns, wie gerne wir Menschen uns »einen Namen machen«. So lässt die Sehnsucht nach einem großen Namen auch heute noch manchen babylonischen Turm entstehen.

Neben der Sehnsucht nach dem Namen nennt unsere Geschichte ein weiteres Motiv, das babylonische Türme sprießen lässt, nämlich die Angst. Es ist die Angst, »zerstreut zu werden in alle Länder«. Man versucht, den Zusammenhalt durch Kolossal-Gebäude zu sichern. Sie können es an der aus dem so genannten Dritten Reich übrig gebliebenen Monumentalarchitektur des Reichsbauministers Speer studieren, und Sie können es auch an manchen Gebäuden sehen, die der real existierende Sozialismus übergelassen hat. Nehmen Sie z. B. das Wahrzeichen Ostberlins, den Fernsehturm am Alexanderplatz. Dieses außerordentliche Gebäude sollte beweisen, zu welchen gigantischen Leistungen ein Regime des atheistischen »real existierenden Sozialismus« fähig ist. Es sollte den Menschen in diesem zweiten deutschen Staat Zutrauen zu ihrem Staat verschaffen und verhindern, dass sie ihr Land verließen und sich so in »alle Länder verstreuten«. Man errichtete einen riesigen Turm mit einer imposanten großen Kugel kurz unter der Spitze, in der ein schönes Café untergebracht ist. Aber was geschah? Man hatte nicht damit gerechnet, dass die Metallummantelung, mit der man die Kugel versehen hatte, einen Nebeneffekt auslöste. Wenn nämlich die Sonne auf den Fernsehturm scheint, zeigt dieser ein weit sichtbares Kreuz. Durch nichts war es möglich, dieses Kreuz dort zu entfernen. Man hätte sonst die gesamte Metallverkleidung abreißen müssen. Und so ist das Wahrzeichen des im real existierenden Sozialismus sich selbst erhöhenden Menschen zugleich ein Wahrzeichen des in Jesus Christus sich selbst erniedrigenden Gottes geworden.

Aus Sehnsucht und Angst versuchen wir Menschen uns mit unseren babylonischen Türmen einen Namen zu machen, aber letztlich gelingt es uns nicht. Wurde vor einem halben Jahr die Laufzeit der Atomkraftwerke noch verlängert, so überstürzen sich die Parteien mittlerweile in der Setzung eines Termins, wann das letzte abgeschaltet werden soll. So rackern sich die Menschen in Babylon ab. Sie wollen einen riesigen Turm bauen, einen Turm, der bis in den Himmel reicht.

2. Gott greift ein

Und was macht Gott? »Da fuhr der Herr herab, sich die Stadt zu besehen und den Turm, den die Menschen gebaut hatten.« Merken Sie die Ironie? Die Menschen versuchen unter Einsatz all ihrer Kräfte, ein Riesenbauwerk zu errichten, und Gott muss erst herniederfahren, um das Menschenwerk überhaupt sehen zu können. »Und Gott sprach: ›Ein Volk sind sie alle, eine Sprache sprechen sie, und dies alles ist erst der Anfang ihres Tuns. Nichts wird ihnen unmöglich sein, was immer sie planen.‹«

Die Entwicklung der Technik hat ein dämonisches Gefälle. Es geht bergab! Auf einmal wird nichts mehr die auf der schiefen Bahn ins Rollen gekommene Technik aufhalten. Der Turm zu Babel, das ist der Anfang. Aber es kommt die Zeit, sagt Gott, da wird man ihrem Erfinderreichtum und ihren zivilisatorischen Großtaten nichts mehr in den Weg stellen. »Nichts wird ihnen unmöglich sein, was immer sie planen!«

Ist diese Zeit heute gekommen? Merken wir nicht, dass unsere zivilisatorische Entwicklung einen kritischen Punkt erreicht hat? Nach den tragischen Ereignissen in Fukushima, die, wie die täglichen Nachrichten zeigen, noch viel schlimmer gewesen sind, als es uns anfangs berichtet worden ist, sind wir Deutschen nun gerade nach langen Auseinandersetzungen dabei, aus der Atomenergie auszusteigen. Aber wie ist die Situation weltweit? Da werden weiterhin neue Atomkraftwerke geplant und gebaut, obwohl die Fragen nach der Entsorgung des Atommülls die Menschheit Jahrhunderttausende noch beschäftigen wird. Obwohl die Sicherheit auch anderenorts nicht gegeben ist, sehen wir weltweit keine Korrektur im Atomprogramm.

Der stete Fortschritt der Technik steht nicht automatisch unter dem Segen Gottes. Die Bibel sieht in ihm viel mehr Kräfte am Werk, die von Gott lösen, ja, die ihn überflüssig machen wollen. Babel, das ist die Welt einer autonomen Technik und einer Naturwissenschaft, die Gott nicht mehr braucht. Babel, das ist die Welt, in der Gott überflüssig ist, weil der Mensch meint, alles zum Leben Notwendige selber machen zu können.

Doch Gott lässt sich seine Welt nicht entgleiten. Gott steuert die Dinge. Er fährt dazwischen: »›Los! Lasst uns hinabfahren und ihre Sprache verwirren, dass keiner die Sprache des andern versteht.‹ So zerstreute der Herr sie von dort über die ganze Erde und sie mussten aufhören mit dem Bau ihrer Stadt.« (V. 7 f. nach J. Zink) Gott unternimmt nicht einmal etwas Besonderes. Er lässt einfach das Vorhaben der Menschen scheitern, indem er ihnen die Fähigkeit zur Zusammenarbeit nimmt und ihre Sprachen verwirrt. So scheitert das Großbauprojekt

»Turm zu Babel«. Der Turm zu Babel, als Himmelsstürmer geplant, endet als Bauruine.

Ich frage, ob Gott als der Herr der Geschichte uns durch die Wirtschaftskrise 2008 und 2009 nicht etwas sagen wollte? Ist Fukushima nicht ein großes Warnschild, das Gott vor uns aufstellt, um uns – vielleicht letztmalig, bevor es zu einer absoluten Katastrophe kommt – vor den Gefahren der Atomenergie zu warnen? Sagt er uns damit nicht: »Es wird euch nicht gelingen, eurer Babel, die Stadt ohne Gott, zu bauen«?

Wir machen uns selbst kaputt mit unserer jedes Maß verlierenden Technik und mit einer ohne zeitliche Grenze genutzten digitalisierten Fernseh- und Computerkultur. Wir zerstören uns selbst mit unseren überdimensionierten Bauprojekten und unserer zugepflasterten Landschaft. Doch Gott will die Sekundärschäden dieses Bautriebs nicht. Er will keine kaputten Ehen und Familien, er will keine Depression und keine psychosomatisch erkrankten Menschen. Darum fährt Gott hernieder und hindert die Menschen am Bau des Turmes zu Babel.

Ist das nicht seltsam, dass Gott herniederfährt, um seine Menschen zu strafen – und das ist unsere Rettung? Gott will nicht, dass wir an unserer Sünde zugrunde gehen, auch nicht an unserer Sünde, uns einen Namen zu machen. Verstehen wir Gott so, dann könnte die gegenwärtige Energiekrise zwar einerseits eine Strafe Gottes sein, aber zugleich eine Wohltat. Gott hält sich nicht von Babel fern, sondern »er fährt hernieder«. In Jesus Christus hat sich Gott sogar in Babel niedergelassen. Babel – so hatte ich gesagt – das ist die Welt, die Gott los sein will. Babel, das ist die Welt, die durch technischen und zivilisatorischen Fortschritt Gott überflüssig machen will. Und genau in diese Welt kommt der überflüssige Gott hinein. In Jesus Christus wurde Gott Bürger von Babel. Die Bibel bezeugt: Und er wohnte mitten unter ihnen.

In der alten Stadt Babel hat unser Mitbürger Jesus Christus die Hoffnung aufgerichtet auf das neue Jerusalem. Das neue Jerusalem, das ist die Stadt, von der die Pfingstgeschichte erzählt. Es ist die Stadt, die nicht wir Menschen bauen, sondern die Gott errichtet. Das neue Jerusalem, das ist auch die Stadt, in der die Menschen beginnen, sich zu verstehen. Es wird Zeit, dass wir uns nicht mehr auf die Sachen, sondern auf die Personen ausrichten.

Pfingsten fällt ein Vorschein des neuen Jerusalems in die alte Stadt Babel. Trotz verschiedener Sprachen können sich die Menschen verstehen. Pfingsten zeigt an: Babel ist noch nicht verloren. Allen Menschen, die sich auf diesen Jesus Christus einlassen, eröffnet sich ein ganz neues Verständnis, auch füreinander. Wir können wieder miteinander reden, wo das Gespräch schon längst erloschen war. In der Gewissheit des kommenden Jerusalems können wir auch unsere nötigen Bauvorhaben ausführen. Dann werden unsere Häuser, die privaten und die kirchlichen, zwar etwas kleiner, weil die babylonischen Türmchen fehlen. Dafür haben wir aber mehr Zeit, um uns um die Menschen zu kümmern, die unser

Verständnis brauchen. Dass auch von diesem Pfingstfest der Geist des gegenwärtigen Verstehens ausgehe, dazu helfe uns der Geist Jesu Christi.

Dornbusch ohne Feuerlöscher

Woran sich Hoffnung entzündet und was wir dazu beitragen können[1]

2. Mose 3,1–14

Ein *Haus der Hoffnung* in Vorpommern – ist das nicht ein Widerspruch in sich? Natürlich gehört Hoffen zum Menschsein hinzu. Wo nicht gehofft wird, stirbt das Leben. Emil Brunner, ein Theologe des letzten Jahrhunderts, hat einmal treffend gesagt: »Was der Sauerstoff für die Lunge, das bedeutet die Hoffnung für die menschliche Existenz. Nimm den Sauerstoff weg, so tritt der Tod durch Ersticken ein. Nimm die Hoffnung weg, so kommt die Atemnot über den Menschen, die Verzweiflung heißt, die Lähmung der seelisch-geistigen Spannkraft durch ein Gefühl der Nichtigkeit, der Sinnlosigkeit des Lebens.«[2]

Andererseits stirbt gerade diese Hoffnung unter uns. Vorpommern, so sagen manche, sei eine Region fast ohne Hoffnung: knapp 30 % Arbeitslose. Der Rest der Republik scheint das nicht wahrzunehmen. Dabei geht es nicht um die kleine Demütigung, dass das Arbeitslosengeld II hier 14 Euro weniger beträgt, sondern um die große Demütigung, dass die Jungen weggehen, weil sie hier keine Zukunft mehr sehen. In neuesten Hochrechnungen des Innenministeriums heißt es, dass im Jahre 2020 die Bevölkerung im Süden unserer Landeskirche, im Uecker-Randow-Kreis, um ein Drittel zurückgegangen sein wird. Man tritt in erste Überlegungen ein, wie Dörfer vielleicht geräumt werden sollten, weil man für vier oder sechs Alte einfach nicht mehr elektrischen Strom oder fließendes Wasser vorhalten kann. Wenn ich in den Gemeinden Besuche mache, ist die Stimmung gerade bei den Älteren richtig depressiv. Hier gibt es auch zweieinhalbmal so viele Alkoholkranke wie sonst im bundesdeutschen Durchschnitt.

Da wird jeder sagen: Natürlich brauchen wir ein »Haus der Hoffnung«. Aber – Hoffnung kann man nicht aus sich selbst heraus herstellen. Wir können uns nicht einfach einen Ruck geben und sagen: Jetzt sind wir mal optimistisch. Nein,

---

[1]   Predigt im Open-Air-Festgottesdienst zur Einweihung des *Hauses der Hoffnung*, des Wohnhauses der Kommunität »Offensive Junger Christen« mit Gästezimmern und Angebot der Seelsorge, in Greifswald am 2. Juli 2005.

[2]   Emil Brunner, Das Ewige als Zukunft und Gegenwart (Siebenstern TB), München u. a. 1965, 7.

Hoffnung muss wachsen, muss sich entzünden – aber woran? Die ganze Bibel ist voll von der Aussage, dass Gott die Hoffnung der Menschen ist. Die Psalmbeter zum Beispiel sagen es immer wieder in allen möglichen Variationen: *Ich hoffe auf dich.* Nicht *etwas*, sondern *einer* ist Gegenstand christlicher Hoffnung. Deshalb habe ich zur Predigt einen Text aus 2. Mose, Kapitel 3 ausgewählt, in dem sich dieser eine, Gott selbst, vorstellt.

1 Mose hütete die Schafe Jitros, seines Schwiegervaters, des Priesters in Midian ... und kam an den Berg Gottes, den Horeb. 2 Und der Engel des Herrn erschien ihm in einer feurigen Flamme aus dem Dornbusch. Und er sah, dass der Busch im Feuer brannte und doch nicht verzehrt wurde. 3 Da sprach er: »Ich will hingehen und die wundersame Erscheinung besehen, warum der Busch nicht verbrennt.« 4 Als aber der Herr sah, dass er hinging, um zu sehen, rief Gott aus dem Busch und sprach: »Mose, Mose!« Er antwortet: »Hier bin ich.« 5 Gott sprach: »Tritt nicht herzu, zieh deine Schuhe von deinen Füßen, denn der Ort, darauf du stehst, ist heiliges Land.«

6 Und er sprach weiter: »Ich bin der Gott deines Vaters, der Gott Abrahams, der Gott Isaaks und der Gott Jakobs.« Und Mose verhüllte sein Angesicht, denn er fürchtete sich, Gott anzuschauen. 7 Und der Herr sprach: »Ich habe das Elend meines Volkes in Ägypten gesehen und ihr Geschrei über ihre Bedränger gehört. Ich habe ihre Leiden erkannt 8 und bin herniedergefahren und will sie erretten aus der Ägypter Hand. Ich will sie herausführen aus diesem Land in ein gutes und weites Land, darin Milch und Honig fließt. 9 Weil nun das Geschrei der Israeliten vor mich gekommen ist und ich ihre Not gesehen habe, wie die Ägypter sie bedrängen, so gehe nun hin. 10 Ich will dich zum Pharao senden, dass du mein Volk, die Israeliten, aus Ägypten führst.«

11 Mose sprach zu Gott: »Wer bin ich, dass ich zum Pharao gehe und führe die Israeliten aus Ägypten?« 12 Er sprach: »Ich will mit dir sein und das soll dir das Zeichen sein, dass ich dich gesandt habe: Wenn du mein Volk aus Ägypten geführt hast, werdet ihr Gott opfern auf diesem Berge«. 13 Mose sprach zu Gott: »Siehe, wenn ich zu den Israeliten komme und spreche zu ihnen, der Gott eurer Väter hat mich zu euch gesandt, und sie mir sagen werden, wie ist sein Name, was soll ich dann sagen?« 14 Gott sprach zu Mose: »Ich werde sein, der ich sein werde.« Und sprach: »Du sollst zu den Israeliten sagen, der Ich-werde-sein, der hat mich zu euch gesandt.«

Im Februar habe ich mit meiner Familie Urlaub im Sinai gemacht. Natürlich sind wir auch zum Katharinenkloster, einem der ältesten Klöster der Christenheit, gefahren. Dort sieht man die Stelle, wo der Dornbusch gestanden hat und noch heute grünt. Auf einmal sah unser Sohn neben dem Dornbusch einen Feuerlöscher stehen. Und er sagt: »Papa, die Mönche haben wohl Angst, der Busch könne noch einmal Feuer fangen.«

Brennender Dornbusch mit Feuerlöscher – kann es sein, dass das unsere Situation ist? Wir sind fromme Leute und richten unser Leben nach Gott aus, aber – ist da nicht doch die Furcht, die lebendige Wirklichkeit Gottes könnte in unserem Leben auflodern und noch einmal alles durcheinanderbringen? Lassen Sie uns mit dieser Geschichte darüber nachdenken, was Gott dem Mose und damit seinem Volk mitteilt. Ich denke, es geht um drei Dinge:

1. Wo Gott zu finden ist

Mose war auf der Flucht, weil er einen ägyptischen Sklavenaufseher erschlagen hatte. Nun hütete er in der Steinwüste die Schafe seines Schwiegervaters, auch wenn dieser Gelegenheitsjob eigentlich nichts für jemanden war, der am ägyptischen Hof aufgewachsen und seiner Herkunft und Ausbildung nach für höhere Dinge bestimmt war. Mose wusste auch nicht so richtig, wie es weitergehen sollte, und tat deshalb seine ganz alltägliche Arbeit, nichts Besonderes. Auf einmal hört er die Stimme Gottes: *Mose, Mose*. Mitten bei der alltäglichen Arbeit ein scheinbar alltäglicher Ruf.

Nicht Mose hatte Gott gesucht, sondern Gott hat Mose gefunden. Nicht Mose war ein Gottsucher, sondern Gott war ein Mosefinder. Gott findet uns Menschen im Alltag, auch wenn wir es nicht vermuten.

Wenn Mose allerdings, wie es heute üblich ist, mit Kopfhörern und lauter Musik seine Schafe gehütet hätte, hätte er die Stimme vielleicht gar nicht gehört. Um Gott zu hören, brauche ich kein besonderes, religiöses Organ, das ganz normale Ohr und das ganz normale Herz reichen. Gott begegnet mir im Alltag, aber ich brauche die Bereitschaft, mich von ihm stören zu lassen. Ich brauche Zeiten, um innezuhalten, und manchmal auch besondere Räume. Es gibt kein heiliges Land per se – erst durch den Ruf Gottes wird der Boden, auf dem Mose steht, zum Heiligen Land. Ein Ort wird dadurch heilig, dass Gott dort spricht.

Liebe Geschwister, auch euer *Haus der Hoffnung* kann ein heiliger Ort sein, wenn die Stimme Gottes hier hörbar wird und Menschen in ihrem Innern berührt und sie dadurch gewiss auch Veränderung in ihrem alltäglichen Leben erfahren. Allerdings brauchen wir wieder neu ein Gespür für Gottes Reden und dafür, dass wir an bestimmten Orten still werden, damit er reden kann. Nur wenn wir nicht ununterbrochen reden und uns mit uns selbst beschäftigen, kann Gott zu Wort kommen. Mose wusste, wie man sich an solchen Orten verhält: Er zog seine Schuhe aus und verhüllte sein Haupt, wie es dem Brauch entsprach. Auch wir brauchen Ehrfurcht vor Orten, an denen wir Gott begegnen. Das kann in einer Kirche geschehen oder an einem Ort wie diesem, dem angeblich »größten Dom Greifswalds«. Gott findet uns an bestimmten Orten besonders gut – möge dieses *Haus der Hoffnung* ein Ort sein, an dem Gott Menschen findet und sich an ihm ihre Hoffnung entzündet!

2. Was Gott für uns tut

Gott will angebetet und gefeiert werden – aber nicht nur. In unserem Predigttext steht: Er hört, er sieht, er erkennt, er fährt nieder, er errettet, er führt heraus. Gott ist ein aktiver, sich seinen Leuten zuwendender Gott. Ihn lässt das Leid seiner Leute nicht kalt. Er ist zu uns heruntergekommen: Er schickt Mose, er ist in Jesus Christus in unsere Welt hineingekommen, und er begegnet uns täglich in seinen Boten und Botinnen. Man mag sich fragen: Wer rettet denn eigentlich – Gott oder Mose, Gott oder die Boten Gottes? Antwort: Gott rettet *durch* Menschen. Es ist der Wille und das Geheimnis Gottes, dass er uns Menschen nutzt und uns an seinem Rettungswerk teilhaben lässt. Bei dem Geheimnis seiner Menschwerdung – als er auf die Erde kam – hat er eine Frau beteiligt. Gott hat auch bei der »Todesflut«, die Ende letzten Jahres so viele Menschenleben gefordert und unendlich große Not in Südostasien hervorgerufen hat, Menschen gebraucht, um einzugreifen.[3] Gott hilft nicht, indem er einfach jede Not, jedes Leid und jeden Tod verhindert, sondern indem er die Kraft schenkt, »auch aus Not und Leid heraus etwas Neues und Gutes zu schaffen« (Michael Welker).[4]

Gott beteiligt auch uns, um Not und Leid zu überwinden. Wenn hier im *Haus der Hoffnung* Pläne geschmiedet werden, wie das im Leben von Einzelnen und in Gemeinschaften geschehen kann, dann wird es wirklich ein Haus der Hoffnung.

Unsere typische Reaktion allerdings ist wie die des Mose: Wer bin ich, dass ich zum Pharao gehe? Wer bin ich, dass ich etwas tun kann gegen die Hoffnungslosigkeit, gegen die Orientierungslosigkeit und gegen das Ausgebrannt-Sein? Wir halten uns für nicht fähig, aus uns heraus etwas zu wenden, aber Gott gibt uns die Verheißung seines Namens, der Inbegriff der Hoffnung ist.

3. Wie Gott heißt

Es ist die Stimme aus dem Feuer, das sich nicht verzehrt. *Ich bin der Gott deines Vaters, ich will mit dir sein.* Jahwe, der offenbarte Gottesname – *Ich werde für dich sein, Ich werde für dich da sein.* Das ist Ausdruck lebendiger Hoffnung. Gott wird für uns da sein, wenn alles andere fällt, wenn die Depression um sich greift und der Mehltau der Resignation sich auf unser Land legt. Gottes Name ist Hoffnung. Er lässt keinen, der von ihm und dieser Hoffnung bewegt wird, unverändert.

Für mich ist es etwas Besonderes, dass hier das Bild des Feuers gebraucht wird. Ich habe einmal einen Steppenbrand erlebt, das war sehr eindrücklich:

---

[3] Gemeint ist hier die Tsunami-Katastrophe in Thailand 2004.

[4] Michael Welker, Gott ist keine Zaubermacht – Über die Todesflut, falsche Allmachtsvorstellungen und eine unzerstörbare Hoffnung, in: Zeitzeichen. Evangelische Kommentare zu Religion und Gesellschaft, 6. Jg., 2/2005, 48.

Während meines Vikariats in Jerusalems wollte ich gern die »Jesusbrüder« in Latrun besuchen. Es war Hochsommer und eine sehr trockene Zeit. Auf dem Weg dorthin konnte man von der Autobahn aus sehen, dass es brannte und dicker Rauch aufstieg. Wir kamen bei den Brüdern an und waren miteinander in der Kapelle. Auf einmal kam jemand hereingelaufen und rief: Es brennt! In der Tat – auf breiter Front näherte sich eine Feuerwalze dem kleinen Anwesen der »Jesusbrüder«. Wir haben versucht, mit einem lächerlichen Gartenschlauch ein bisschen zu löschen – hoffnungslos!

Da merkten wir, dass einer der Brüder in die Kapelle gegangen war – er hatte stattdessen gebetet. Wir wussten nicht warum, aber auf einmal drehte der Wind. Das war die Tat, die das Feuer zum Erlöschen brachte, denn nun lief die Feuerwalze wieder dorthin zurück, wo sie vorher schon gebrannt hatte. Da fand sie keine Nahrung mehr und ging von allein aus – ein Wunder Gottes vor unseren Augen.

Für mich zeigt dieses Erlebnis den Kern dessen, was christlichen Glauben ausmacht: Gott, der sich als Feuer vorstellt, hat sich selbst in das Feuer auf Golgatha, in den Riss zwischen Menschheit und Gottheit hineingestellt und darum die Chance eines neuen Lebens eröffnet. Es ist ganz egal, was in unserem Leben bisher geschehen ist, es gibt immer wieder die Chance eines Neuanfangs. So wie für den Totschläger Mose, den Gott noch einmal ganz neu in seinen Dienst nahm, so gibt es auch für jeden von uns die Chance des Neuanfangs, weil Gott, das verzehrende Feuer, Platz schafft. Der große Philosoph Blaise Pascal schrieb deshalb in seinem berühmten »Memorial« am Ende seines Lebens: »Feuer. Gott Abrahams, Isaaks und Jakobs – nicht der Philosophen und der Gelehrten.«[5] An diesem Gott, der so lebendig ist wie die Kraft des Feuers, kann sich die Hoffnung in unserem Leben entzünden.

Ich frage Sie als verbindliche Gemeinschaft, die Sie im *Haus der Hoffnung* zusammenleben wollen: Kann man in Ihrer Mitte Gott als so etwas Lebensumstürzendes erfahren? Sie können unendlich viel organisieren und veranstalten – aber hilft es zur Begegnung mit Jesus Christus, die Menschen grundlegend verändert und auf einen neuen Weg führt? Prüfen Sie sich selbst immer wieder an der Leitfrage: Hilft unsere Arbeit zur Begegnung mit dem Gott, der Feuer ist, der das Leben von Frauen und Männern auf eine ganz neue Basis stellt? Durch Wort und Sakrament kommt eine Kraft von Gott in unser Leben hinein, die uns nicht unverändert lässt. Wenn Gott uns mit dieser Wucht trifft, die einen Mose oder einen Blaise Pascal getroffen hat, dann sind wir andere geworden. Ich rate Ihnen und uns: Weg mit den Feuerlöschern, mit deren Hilfe wir die auflodernde Kraft Gottes gleich wieder zu tilgen suchen. Ein »Haus der Hoffnung« ist ein Haus, in

---

[5] Blaise Pascal, Aus seinen Schriften. Ausgewählt und übersetzt v. Walter Warnach, Düsseldorf/Köln 1962, 280.

dem wir genügend Sauerstoff zum Atmen geschenkt bekommen. Möge Gott Ihr Haus zu einem Ort werden lassen, an dem man geistlich durchatmen kann.

Ich möchte an dieser Stelle einen Dank und eine Aufforderung aus der Sicht der Pommerschen Evangelischen Kirche anschließen. Ich danke Ihnen herzlich, liebe Offensive, dass Sie hier nach Greifswald, nach Vorpommern gekommen sind und seit acht Jahren Ihren Dienst tun, den Sie mit dem *Haus der Hoffnung* ja noch einmal bestätigen und auf eine neue Stufe stellen. Herzlichen Dank, dass Sie Vorpommern auch in Zukunft nicht allein lassen und weggehen, sondern hier bleiben und sich in das Geschehen vor Ort hineinstellen. Ich treffe immer wieder auf Menschen, die sagen, sie seien in seelsorgerlicher Begleitung durch die Christen aus der Offensive. Dafür meinen herzlichen Dank!

Aber gleichzeitig auch die Aufforderung: Vielleicht gewinnen Sie auch die Kraft, diesen aufopferungsvollen Dienst, den Sie bisher in der Stille taten und durch den Sie in das Leben von Einzelnen von dieser verändernden Kraft Gottes hineingesprochen haben, in Zukunft auch noch mehr in die Öffentlichkeit hineinzustellen, zum Beispiel so wie heute mit diesem Gottesdienst. Wir brauchen auch öffentliche Zeichen der Hoffnung, sonst übernehmen die Menschen, die die Resignation ausstrahlen, die Interpretationshoheit in Vorpommern. Ich weiß, die Kräfte sind beschränkt, aber vielleicht kann man sich zusammentun, vielleicht mit der Gemeinde in Weitenhagen und dem »Haus der Stille«, vielleicht mit dem »Institut zur Erforschung von Evangelisation und Gemeindeentwicklung« der Greifswalder Universität, vielleicht auch mit dem Bischof der Pommerschen Evangelischen Kirche.

Möge das *Haus der Hoffnung* die Kraft gewinnen, öffentliche Zeichen gegen den Mehltau der Resignation und der Hoffnungslosigkeit zu setzen, weil wir wissen: Gott setzt tief innen an, aber das Feuer, das Er anzündet, hört nie wieder auf zu brennen.

Um Segen kann man kämpfen[1]

1. Mose 32,23–33

23 Und Jakob stand auf in der Nacht und nahm seine beiden Frauen und die beiden Mägde und seine elf Söhne und zog an die Furt des Jabbok, 24 nahm sie und führte sie über das Wasser, sodass hinüberkam, was er hatte, 25 und blieb allein zurück.

Da rang ein Mann mit ihm, bis die Morgenröte anbrach. 26 Und als er sah, dass er ihn nicht übermochte, schlug er ihn auf das Gelenk seiner Hüfte, und das Gelenk der Hüfte Jakobs wurde über dem Ringen mit ihm verrenkt. 27 Und er sprach: »Lass mich gehen, denn die Morgenröte bricht an.« Aber Jakob antwortete: »Ich lasse dich nicht, du segnest mich denn.« 28 Er sprach: »Wie heißt du?« Er antwortete: »Jakob.« 29 Er sprach: »Du sollst nicht mehr Jakob heißen, sondern Israel; denn du hast mit Gott und mit Menschen gekämpft und hast gewonnen.« 30 Und Jakob fragte ihn und sprach: »Sage doch, wie heißt du?« Er aber sprach: »Warum fragst du, wie ich heiße?« Und er segnete ihn daselbst.

31 Und Jakob nannte die Stätte Pnuël; denn, sprach er, ›ich habe Gott von Angesicht gesehen, und doch wurde mein Leben gerettet.‹ 32 Und als er an Pnuël vorüberkam, ging ihm die Sonne auf; und er hinkte an seiner Hüfte. 33 Daher essen die Israeliten nicht das Muskelstück auf dem Gelenk der Hüfte bis auf den heutigen Tag, weil er auf den Muskel am Gelenk der Hüfte Jakobs geschlagen hatte.

Hinter einem ist Jakob her: Hinter dem Segen. Um diesen Segen zu bekommen, hatte er seinen blinden Vater und seinen Bruder Esau betrogen. Durch eine List war es ihm gelungen, den Segen zu erlangen. Er wollte unbedingt die Kraft Gottes auf seiner Seite wissen. Er suchte den Schutz und die Sicherheit in unsicheren Zeiten. Er wünschte sich Erfolg in seinem Leben, den ihm Gott schenken konnte. So viele Wege müssen im Leben zurückgelegt werden, so viele Gefahren überwunden. Ein Auskommen muss gefunden werden. Darum tut die positive Wirkung göttlicher Kraft so gut. Segen heißt: Das Leben steht auf deiner Seite. Bedrohtes Leben wird geschützt und kann sich entfalten. Das ist Segen.

---

[1] Predigt anlässlich des Sprengelkonventes Mecklenburg und Pommern am 12. September 2018 in der St. Nikolai-Kirche zu Stralsund.

Jakob hatte schwierige Familienverhältnisse, aber wer hat die nicht? Ja, und er selbst war auch nicht ganz einfach. Aber wer ist das schon? Er war ein Zwilling, aber der jüngere. In einer Welt, in der der Erstgeborene alle Vorzüge des Rechtes, des Erbes und des Ansehens hatte, war es schon Mist, so knapp der Zweite geworden zu sein. Die Geburtslegende von Jakob und seinem Bruder Esau erzählt, wie der jüngere Zwilling Jakob dem älteren Esau schon im Mutterleib auf den Fersen war. Bei der Geburt bereits hält er mit der Hand die Ferse seines Bruders Esau (vgl. 1. Mose 25,26).

Schon immer wäre Jakob gern ein anderer gewesen. Einer mit mehr Ehre und Macht. Von Anfang an gönnt er seinem Bruder die mit der Erstgeburt verbundenen Vorzüge nicht. Wir wissen heute, wie wichtig der Platz in der Geschwisterkonstellation ist. Manch einer ringt sein ganzes Leben um die Anerkennung, die er in seiner Stellung in der Familie zu vermissen meint. Das ganze Leben wird zur Bühne eines familiären Emanzipationsstrebens.

So auch Jakob. In seinem Bemühen, Erstgeburtsrecht und Segen zu erlangen, schreckt er vor List und Betrug nicht zurück. Am Ende ist das Verhältnis zu seinem Bruder so kaputt, dass er um sein Leben fürchten muss (vgl. 1. Mose 27,41). Vor der Rache seines Bruders flieht er nach Haran, der Heimat seiner Mutter, einer Stadt im nördlichen Zweistromland, heute in der Südtürkei gelegen. Weit weg von seinem Bruder und seinen Problemen. Hier, in der Ferne, ganz anderswo, kommt er zu Familie und einigem Wohlstand.

Aber bald ist auch das Verhältnis zu seinem Schwiegervater Laban belastet. Da will Jakob mit seiner ganzen großen Familie, zwei Frauen, zwei Mägden und zwölf Kindern, zurück in sein Heimatland nach Palästina. Je näher Jakob seinem Bruder Esau kommt, desto unheimlicher wird ihm seine Situation. Wie wird sein Bruder ihn aufnehmen? Trachtet er ihm weiterhin nach dem Leben?

In der entscheidenden Nacht steht der Tross mit der ganzen Familie am Ufer des Jabbok, einem Nebenfluss des Jordan im Ostjordanland, heute Nahr az-Zarqa (der blaue Fluss) genannt. Er bringt seine Familie über eine Furt des Flusses auf die andere Seite und bleibt allein. Jakob steht nun unmittelbar vor der Wiederbegegnung mit seinem Bruder Esau, den er seit seinem vor 21 Jahren verübten Betrug, bei dem er ihn um den Segen des Erstgeborenen gebracht hat, nicht mehr gesehen hat. Esau ist ihm mit 400 Männern entgegengekommen. Jakob weiß, dass er ihm völlig ausgeliefert ist. In dieser schwierigen, vielleicht ausweglosen Lage, bereitet sich Jakob allein auf die Begegnung mit seinem Bruder, deren Ausgang ungewiss ist, vor.

Im Dunkel der Nacht ist er allein, und an der Furt des Jabbok verwickelt ein Unbekannter ihn in einen Kampf. Keiner von beiden kann diesen Kampf gewinnen. Jakob wird auf die Hüfte geschlagen, so dass er hinkt. Als die Sonne aufgeht, bittet der Unbekannte Jakob, von ihm abzulassen. Aber Jakob lässt ihn nicht gehen, bevor er einen Segen von ihm empfangen hat. Der Unbekannte sagt zu ihm: *»Du sollst nicht mehr Jakob heißen, sondern Israel; denn du hast mit Gott* *und mit Menschen gekämpft und hast gewonnen*« (V. 29). Als der Unbekannte seinen Namen nicht nennt, versteht Jakob, dass Gott selbst seinem Ringen mit ihm diese Gestalt gegeben hat.

In dieser Geschichte verbirgt sich eine alte Gotteserfahrung, wohl sogar noch älter, als die Gotteserfahrungen Israels sind, die sich sonst im Alten Testament niedergeschlagen haben. Es gibt Situationen, da muss man mit Gott kämpfen. »Im Grunde hast du dir dein Elend selbst zugefügt. Du hättest ja nicht um die Stellung in der Familie streiten müssen. Warum nicht auch einmal der Zweite sein? War der materielle Anlass den Streit mit dem Bruder wert?« oder »Warum bin ich auch immer so dickköpfig? Aber hat mich Gott nicht benachteiligt? Er hätte es doch auch ganz anders machen können.« Man kann hadern über die persönliche Lebensgeschichte, man kann hadern über die große Politik – fast jeder hat auf seine Weise seinen Kampf mit Gott auszutragen.

Wenn Gott der Herr der Geschichte ist, warum muss dann die Geschichte so verlaufen, wie sie verläuft? Jakob hatte in seiner Not gebetet: »Errette mich von der Hand meines Bruders, von der Hand Esaus; denn ich fürchte mich vor ihm« (1. Mose 32,12). Jesus hat in Gethsemane aus ganz anderem Anlass mit Gott gerungen und gebetet: »Nimm diesen Kelch von mir. Doch nicht mein, sondern dein Wille geschehe!« (Lukas 22,42) Martin Luther berichtet, wie er sich im Gebet vom in der Geschichte verborgenen Gott zum in Christus offenbarten Gott geflüchtet hat. Die Geschichte ist immer zweideutig. Oft kriegen wir Gottes Handeln und seinen in Christus offenbarten Willen nicht zusammen. Da bedarf es dieses Ringens mit Gott, bis wir Gefühl und Erkenntnis übereinbringen.

Nicht das Ringen mit Gott an sich ist ungewöhnlich. In dieser Geschichte ist außerordentlich, dass der Kampf unentschieden ausgeht: 1:1. So ist bei Jakobs Kampf nicht von vornherein klar, mit welcher Macht er kämpft. Es gibt Widersacher im Leben, da wird dir erst im Nachhinein deutlich: Gott steckte dahinter. Er hat dir eine Grenze gesetzt. Jakob geht nach einer solchen Auseinandersetzung gezeichnet aus diesem Kampf hervor. Fortan muss er hinken. Aber er ringt seinem Widersacher – und nun ist schon deutlich, dass es Gott ist – einen Segen ab: *»Ich lasse dich nicht, du segnest mich denn«* (V. 27). Und Gott lässt sich diesen Segen abringen.

Ich mag diese Geschichte. Ja, sie ist archaisch. Aber ist es nicht wunderbar, dass schon die Alten solche Erfahrungen mit Gott gemacht haben, die wir auf unsere Weise auch kennen? Wir sind doch alle ambivalente Persönlichkeiten. Und trotzdem schreibt Gott mit uns seine Geschichte. In dieser Geschichte haben wir unseren Platz, großartig und bescheiden zugleich. Großartig, weil Gott uns gebrauchen will. Bescheiden, weil wir ja doch nur kleine Lichter sind.

Schon die Alten wussten: Wir führen ein Leben auf der Grenze zwischen Diesseits und Jenseits. Nicht alles ist unseren Augen offenbar. Das Leben spielt im Vordergrund, hat aber einen Hintergrund, der uns nur je und dann aufleuchtet. Dann begreifen wir es auch mit den Voraussetzungen unseres Verstandes, jeder zu seiner Zeit auf seine Weise. Mag dieses Gegenüber für die vorisraelische Tradition die Gestalt eines nächtlichen Dämons angenommen haben, für Israel war schon klar: Uns stellt sich manchmal Gott in den Weg. Das Leben läuft nicht nur glatt, aber wir können und dürfen auch mit Gott ringen. Manchmal allerdings gehen wir als Geschlagene, hinkend vom Platz. Die Narben unserer metaphysischen Wunden gehören auch zu unserer Existenz.

Als junger Pastor wurde ich gefragt, ob ich nicht Interesse hätte, an einem Buchprojekt zum Thema »Am Scheitern leben und glauben lernen« mitzuarbeiten. Ich lehnte ab, weil ich bis dahin keine tiefen Erfahrungen mit Brüchen oder Scheitern gemacht hatte.[2] Es war immer alles gut gelaufen. Wenige Jahre später wurde bei meiner Frau Krebs festgestellt, und sie verstarb bald darauf im Alter von 34 Jahren. Mit einem Mal waren unsere Lebenspläne gescheitert, und ich verstand, was die Kollegen gemeint hatten, als sie sagten, man müsse an Menschen und an Gott gescheitert sein, um leben zu lernen. Natürlich bedeutet das Unsicherheit und einen gewissen Schwebezustand der Gefühle. Wir gehen am Ende hinkend vom Platz, aber als Gesegnete. Und auch Jakob – mit all seinen menschlichen Unzulänglichkeiten – wurde zum Schluss doch von Gott gesegnet. In seiner Verunsicherung über seinen Weg ans Kreuz gewann Jesus im Gebet die Größe, sich in Gottes Willen fallen zu lassen. Martin Luther, auf der Suche nach einem gnädigen Gott, konnte am Ende seines Lebens, wenige Tage vor seinem Tod, schreiben, wofür man Christus halten solle, »nämlich nicht für einen Richter oder zornigen Herrn, sondern für einen lieblichen Heiland und tröstlichen Freund«[3]. Mögen wir auch hinken, am Ende gehen wir diesem »lieblichen Heiland und tröstlichen Freund« entgegen, hinein ins Land der Verheißung.

---

[2] Vgl. Hans Bernhard Kaufmann unter Mitarbeit von Renate Hagedorn und Willi Stöhr, Am Scheitern leben und glauben lernen, Neukirchen-Vluyn 1987, 13.

[3] Im Bibelmuseum in Münster findet sich dieses Luther-Wort als handschriftliche Widmungsinschrift in einer Lutherbibel von 1545, unterschrieben mit »1546 Martinus Luther«.

Aufbruch durch das Wort

Johannes Bugenhagen und seine Pommern[1]
Römer 10,9–17

9 Denn wenn du mit deinem Munde bekennst, dass Jesus der Herr ist, und in deinem Herzen glaubst, dass ihn Gott von den Toten auferweckt hat, so wirst du gerettet. 10 Denn wenn man von Herzen glaubt, so wird man gerecht; und wenn man mit dem Munde bekennt, so wird man gerettet. 11 Denn die Schrift spricht (Jesaja 28,16): »Wer an ihn glaubt, wird nicht zuschanden werden.« 12 Es ist hier kein Unterschied zwischen Juden und Griechen; es ist über alle derselbe Herr, reich für alle, die ihn anrufen. 13 Denn »wer den Namen des Herrn anrufen wird, soll gerettet werden« (Joel 3,5).

14 Wie sollen sie aber den anrufen, an den sie nicht glauben? Wie sollen sie aber an den glauben, von dem sie nichts gehört haben? Wie sollen sie aber hören ohne Prediger? 15 Wie sollen sie aber predigen, wenn sie nicht gesandt werden? Wie denn geschrieben steht (Jesaja 52,7): »Wie lieblich sind die Füße der Freudenboten, die das Gute verkündigen!« 16 Aber nicht alle sind dem Evangelium gehorsam. Denn Jesaja spricht (Jesaja 53,1): »Herr, wer glaubt unserm Predigen?«

Die Pommersche Evangelische Kirche verdankt Johannes Bugenhagen die Reformation. Ohne ihn wäre dieser Schub an Innovation und Erneuerung in Rückbesinnung auf das Wort Gottes unter Umständen an uns vorübergegangen. Genau wissen wir das natürlich nicht. Was wir aber wissen: Unsere Kirche in diesem Teil Pommerns ist die durch das Wort Gottes erneuerte Kirche Jesu Christi. Wir sind so, wie wir sind, zu einem guten Teil aufgrund des Wirkens von Bugenhagen.

Darum gedenken wir heute an Johannes Bugenhagen, den »groben Pommer«, wie Philipp Melanchthon, der dritte wichtige Reformator in Wittenberg, schon einmal sagen konnte, wenn dieser ihm nicht feinfühlig genug argumentierte. Auch der dänische König Christian III. nannte Bugenhagen ironisch und zugleich

---

[1]   Gehalten im Festgottesdienst der Pommerschen Evangelischen Kirche anlässlich der 450. Wiederkehr des Todesjahres von Johannes Bugenhagen im Jahre 2008 (14. September 2008 im Dom St. Nikolai zu Greifswald).

liebevoll einen »alten Pommern und Speckesser«, weil der auf der Lieferung einmal zugesagter Speckseiten bestand. Ja, Johannes Bugenhagen war Pommer – so selbstbewusst und selbstverständlich, dass er bei jeder Unterschrift und bei jedem Buchtitel dazu setzte: »Pomer« – »Johannes Bugenhagen, Pomer«. Exakt die Hälfte seines 72-jährigen Lebens hat er in Pommern verbracht. Er hat Pommern geliebt und Nordeuropa der Reformation zugeführt.

Der Freund und Mitarbeiter Martin Luthers kam nicht nur aus Pommern und hatte hier in Greifswald studiert, er schrieb[2] auch die erste pommersche Geschichte – eben die »Pomerania«. Es ist der gleiche Bugenhagen, der das Wort Gottes neu entdeckt hatte, Vorlesungen über biblische Bücher hielt, so Menschen sammelte und Pommern für die Reformation vorbereitete, die dann erhebliche Erneuerungsimpulse in Pommern und darüber hinaus auslöste.

Seine Begegnung mit den reformatorischen Hauptschriften Martin Luthers aus dem Jahre 1520 weckte bei dem »Ludimagister Treptovii«, dem langjährigen Rektor der Lateinschule im Provinzstädtchen Treptow, den Wunsch, bei Martin Luther und mit ihm gemeinsam noch einmal neu das Wort Gottes zu studieren. Er machte einen Neuanfang. Im Frühjahr 1521, schon 35 Jahre alt, ging er nach Wittenberg und schrieb sich an der dortigen Universität erneut als Student ein. Der Lehrer wurde wieder zum Schüler.

In Wittenberg nimmt er Wohnung im Hause Philipp Melanchthons. Schon bald, nach wenigen Monaten, hält er bereits wieder Vorlesungen. Von Luther und Melanchthon sehr geschätzt und vor allem von Luther protegiert, wird Bugenhagen zweieinhalb Jahre nach seiner Ankunft in Wittenberg zum dortigen Stadtpfarrer berufen. Nun ist die Predigt des Wortes Gottes dreieinhalb Jahrzehnte lang seine Hauptaufgabe. Damit hat Bugenhagen einen Dienst übernommen, der ihm zur Lebensaufgabe wurde. Doch er bleibt nicht nur Prediger und Seelsorger der Stadtgemeinde in Wittenberg, sondern ist bald auch Visitator und ab 1532 auch Generalsuperintendent für die kursächsischen Länder. Damit fallen ihm bischöfliche Aufgaben zu. Von Luther wird er auch förmlich als »episcopus ordinatus«, als »geweihter Bischof«[3], bezeichnet.

In der Tat ist Bugenhagen durch sein ordinierendes Handeln so etwas wie ein Bischof für das ganze Luthertum geworden. Allein in Wittenberg nimmt er mindestens 1.470 Ordinationen von Pastoren vor. Wittenberg war für Bugenhagen seit seiner Ernennung zum Stadtpfarrer das »Standbein«. Daneben hat er diese Stadt und seine Gemeinde auch immer wieder für kürzere oder längere Zeit verlassen, um in norddeutschen Städten und Ländern, ja auch in Dänemark und damit in Norwegen die Reformation einzuführen. Es ist nicht zu viel behauptet,

---

[2]   Vgl. Hans-Günter Leder, Johannes Bugenhagen Pomeranus – Vom Reformer zum Reformator. Studien zur Biographie, hrsg. v. Volker Gummelt (Greifswalder Theologische Forschungen Bd. 4), Frankfurt 2002, 414.

[3]   WA.TR 5, 634, 34–36.

wenn man sagt, dass heute ohne Bugenhagen die politische und kirchliche Landschaft Norddeutschlands und Nordeuropas anders aussehen würde.

Dabei hatte sich Bugenhagen nicht selbst zum Reformator aufgeschwungen. Er hatte lediglich das Wort Gottes, die Bibel, ernst genommen. Dieses Wort hatte sein Leben verändert. Im Gehorsam dem Wort Gottes gegenüber war er zum Diener am Wort geworden. Dieses Wort, die Wahrheit, sollte alle Welt hören. Aus dem Wort Gottes heraus sollten Kirche und Gesellschaft neu geordnet werden. Im Leben Johannes Bugenhagens hat sich gezeigt, dass im Wort Gottes eine Kraft liegt, die Menschenleben und Gesellschaften verändern kann.

Über Bugenhagens Leben und Werk kann das Wort aus der heutigen Epistel gelten:»So kommt der Glaube aus der Predigt, das Predigen aber durch das Wort Christi.« Während Luther in seiner Übersetzung das Predigen erwähnt, heißt es im Römerbrief 10,17 wörtlich: *»So kommt der Glaube aus dem Hören, das Hören aber durch das Wort Christi.«*

Das Wort Christi meldet sich mittels menschlicher Verkündigung zu Wort und bewirkt Glaube, den Glauben, auf den es dem Apostel Paulus und den Reformatoren ankommt. So ist das Leben Johannes Bugenhagens eine einzige Illustration des Predigttextes. Der Glaube an Jesus Christus hat sich in seinem Leben als tragende Kraft erwiesen. Dieser Glaube ist – nach Paulus und Bugenhagen – erstens eine persönliche Sache, aber immer an die Schrift gebunden. Zweitens ist er Glaube an Jesus Christus und will drittens allem Volk verkündigt werden.

1. Glaube ist persönlich, aber immer auf die Bibel bezogen

Nie hatte Johannes Bugenhagen die Religion nur zum Broterwerb betrieben. Als er mit 19 Jahren die Leitung der Stadtschule in Treptow an der Rega übernahm, war der junge Bugenhagen auf der Suche nach einem tragfähigen Fundament für sein Leben. Dabei fing er an, die Bibel zu lesen und auszulegen. Es war ungewöhnlich, die Auslegung biblischer Bücher in das Lehrprogramm an der Lateinschule aufzunehmen. Offensichtlich aufgrund seiner sich autodidaktisch erarbeiteten Erkenntnisse wird er ab 1517 auch zum Lektor im Kloster Belbuck (bei Treptow) ernannt und sammelt einen Kreis von an einem Aufbruch aus den erstarrten Strukturen interessierter Mönche, Gemeindepfarrer und einiger aufgeschlossener Bürger um sich. Bisher verstand Bugenhagen die Bibel unter den Voraussetzungen der römisch-katholischen Dogmen. So kritisierte er manche kirchliche Zustände seiner Zeit. Er sah sie als Auswüchse einer im Prinzip wahren Lehre, begründet im Fehlverhalten Einzelner.

Da geschieht etwas, was sein ganzes Leben verändert. Etwa Ende Oktober 1520, bei einem Abendessen im Hause des Treptower Pfarrers an der Marienkirche, Otto Slutow, mit Vertretern der Treptower Geistlichen lässt Slutow die lateinisch abgefasste Schrift Luthers »Von der babylonischen Gefangenschaft der Kirche« kursieren. Nach einem flüchtigen Blick bezeichnet Bugenhagen diese als böse Ketzerei und ihren Verfasser als den allerschlimmsten Ketzer, der jemals aufgetreten ist. Trotzdem hat dies Buch sein Interesse geweckt, und er nimmt es mit nach Hause, um es sorgsam zu studieren. Einige Tage später überrascht er seine Kollegen mit dem Urteil: »Was soll ich euch viel sagen? Die ganze Welt ist verblendet und in die äußerste Finsternis verstrickt. Nur dieser Mann sieht allein die rechte Wahrheit.«[4]

Dieses Ereignis kann als reformatorische Wende im Leben des Johannes Bugenhagen bezeichnet werden. In diesem Buch startet Luther einen General-angriff auf die Dogmen der römisch-katholischen Kirche. Diese hat Priesteramt, Bischofsamt und alle Sakramente zerstört, indem sie diese ihres biblischen In-haltes beraubt hat. Der Glaube ruht allein auf Jesus Christus selbst, der den Menschen in Wort und den drei Sakramenten Taufe, Buße und Abendmahl be-gegnet. In dieser Begegnung mit Jesus Christus ist die Freiheit der Menschen von Menschen begründet. Rom aber hat Kirche und Menschen in eine »babylonische Gefangenschaft« geführt. Daraus müssen sie wieder befreit werden.

Bugenhagen ist fasziniert. Luthers Ausführungen lassen ihn mit einem Mal erkennen, dass der Glaube eine ganz persönliche Angelegenheit ist. Gleichzei-tig bedeutet er aber nicht nur die Befreiung des religiösen Individuums, son-dern gleichzeitig die Begründung echter kirchlicher Gemeinschaft, begründet nicht auf menschlicher Macht, sondern auf gemeinsamer Überzeugung durch das Wort Gottes. Diese Freiheit und diese Gemeinschaft will er nun noch besser kennenlernen. Deswegen schreibt er Martin Luther. Luther antwortet ihm um-gehend und schickt ihm die gerade veröffentlichte Schrift: »Von der Freiheit eines Christenmenschen«: »Du hast mir geschrieben, dass ich dir eine Lebensregel schreiben solle. Ein wahrer Christ bedarf nicht der Sittenregeln; denn der Geist des Glaubens leitet ihn zu allem, was Gott will und die christliche Liebe fordert. Lies also dies. Nicht alle glauben dem Evangelium. Der Glaube wird im Herzen gefühlt.«[5]

Bis heute wissen wir, dass dieser Glaube an Gott eine Geborgenheit schafft und eine Orientierung vermittelt, die wir zum Leben brauchen. Hier muss nicht mehr viel überlegt werden, was geboten ist, sondern die Liebe zu seinen Mit-menschen ist selbstverständliche Folge des Glaubens an Jesus Christus. Wer die Liebe Gottes erfahren hat, »kann nicht lassen, es muss herausbrechen und dienen seinen notdürftigen Nächsten in Leibes- oder der Seelennotdurft mit Worten,

---

[4]   Zitiert nach Davidis Chytraei, Newe Sachssen Chronica; zitiert nach: Leder, Johannes Bugenhagen Pomeranus, 160.

[5]   Johannes Bugenhagen Pomeranus. Leben und ausgewählte Schriften, hrsg. v. K. A. T. Vogt, Elberfeld 1867, 30.

Lehren, Trösten, Essen, Trinken, Bekleiden, Geld, Gut und so es Not ist auch mit Leib und Leben.« So wird es Bugenhagen wenig später an »Frau Anna, geborene Herzogin von Stettin in Pommern« schreiben. Weil Gott seine Menschen liebt, soll Liebe auch das Miteinander der Menschen bestimmen.

Wie wenig selbstverständlich der Glaube an Gott und die sich daraus von selbst entwickelnde Aufmerksamkeit für die Mitmenschen bis heute ist, zeigen die Bilder einer Überwachungskamera im Wartezimmer einer Klinik in New York, die vor drei Monaten um die Welt gingen. Eine Frau stirbt und die Welt schaut zu. Keiner hilft. Der Mensch des 21. Jahrhunderts ist so mit sich selbst beschäftigt, dass er einfach nicht mehr wahrnimmt, was mit den Menschen um ihn herum passiert. Der christliche Glaube macht sensibel für die Menschen unserer Umgebung und lehrt uns, achtsam und liebevoll mit ihnen umzugehen. Diesen schlichten persönlichen, biblischen Glauben hat Bugenhagen mit Hilfe Martin Luthers wiederentdeckt, und er hat dazu aufgefordert, Anteil zu nehmen am Schicksal der Mitmenschen. Seine Vorschläge zur Gestaltung der Armenfürsorge sind Vorbild geworden für die spätere Entwicklung der Diakonie.

2. Glaube ist Beziehung zu Jesus Christus

Glaube ist nicht nur ein Ahnen nach Gott, sondern Ausdruck einer geklärten Beziehung. Diese Klarheit gewinnt man nicht, wenn der Mensch nur von sich aus nach Gott fragt, sondern wenn er wahrnimmt, wie Gott selbst sich in Jesus Christus gezeigt hat. Zeit seines Lebens hat Bugenhagen immer wieder die Evangelien gelesen, ihre Geschichten miteinander verglichen und die z. T. unterschiedlichen Darstellungen miteinander zu harmonisieren versucht. Es war sein Bestreben, zu einer möglichst eindeutigen Anschauung von Leben und Lehre Jesu Christi zu kommen. Deutlicher als in Jesus Christus ist Gott an keiner Stelle geworden. Jahrzehntelang hat sich Bugenhagen deswegen mit der Vervollkommnung einer Passions- und Auferstehungsharmonie befasst, damit gerade dieser Kernabschnitt im Leben Jesu einem jeden Glaubenden deutlich vor Augen steht. Er war zutiefst gerührt von dem, was Jesus Christus für einen jeden Menschen getan hat. Vielleicht kann man sagen, dass jemand, der die Erschütterung durch das, was Jesus Christus für uns, für einen jeden von uns, getan hat, noch nicht empfunden hat, zur Tiefe eines persönlichen Glaubens noch nicht durchgedrungen ist. Er hat noch nicht – mit Martin Luther gesagt – den Glauben »im Herzen gefühlt«.

Nun sage keiner, das Erschrecken über das Sterben Jesu für uns sei dem modernen Menschen nicht mehr möglich. Der nicht gerade als religiös geltende Schauspieler Ben Becker zieht zur Zeit mit einer mehrstündigen Inszenierung biblischer Texte durch das Land. Mehrfach sind ihm dabei beim Lesen der Kreuzigungsgeschichte die Tränen gekommen. Eine freche Journalistin fragte ihn: »Sind Ihre Tränen integraler Bestandteil der Show?« Darauf Becker: »Das ist doch auch überwältigend, wenn man weiß, dass dieser Mann für jeden von uns an dieses beschissene Kreuz genagelt wurde. Wenn ich das lese, denke ich daran, was heute an Grausamkeiten in der Welt passiert.« Deswegen sei Christus sein »Freund« geworden.[6]

Was der Schauspieler Ben Becker erfahren hat, das möchte Bugenhagen durch die Auslegung der Evangelien ebenfalls vermitteln: Der Tod Jesu Christi ist nicht lediglich ein Justizmord, wie er leider in der Weltgeschichte immer wieder vorgekommen ist, sondern ein Ereignis, das »für uns« geschehen ist. Durch das Sterben Jesu Christi und seine Auferstehung zeigt uns Gott seine bedingungslose Liebe zu uns Menschen. Daraus folgt drittens:

3. Die Liebe Gottes muss allem Volk verkündet werden

Wer heute Johannes Bugenhagen kennt, weiß wahrscheinlich um sein Kirchen ordnendes Werk. In zahlreichen freien Reichsstätten (Braunschweig, Hamburg, Lübeck und Hildesheim) und Territorien (Pommern, Schleswig und Holstein, Braunschweig-Wolfenbüttel), ja sogar in Skandinavien (Dänemark mit Norwegen) führte er die Reformation ein.

Dieses Schaffen von neuen kirchlichen Strukturen und die Ordnung des Dienstes in ihnen ist allerdings kein Selbstzweck. Sie sind für Bugenhagen begründet in der Notwendigkeit, den Glauben allen Menschen zu verkündigen.

»Wie sollen sie aber den anrufen, an den sie nicht glauben? Wie sollen Sie aber an den glauben, von dem sie nichts gehört haben? Wie sollen sie aber hören ohne Prediger? Wie sollen sie aber predigen, wenn sie nicht gesandt werden?« (Römer 10,14 f.) Von Bugenhagen ist zu lernen, dass jede Gestaltung und Veränderung kirchlicher Strukturen die einzige Aufgabe hat, die Verkündigung des Evangeliums zu befördern. Deswegen braucht es Evangelisten. *»Wie lieblich sind die Füße der Freudenboten, die das Gute verkündigen* (Evangelisten)!« (Römer 10,15)

In der Auslegung zum 1. Korintherbrief, Kapitel 12, wird Bugenhagen später ausführen: »Evangelisten sind nicht nur, wie man ... annimmt, die Verfasser der vier Evangelien, obwohl diesen im besonderen Sinne der Name gebührt, sondern bei Paulus heißen diejenigen Evangelisten, die nicht wie die Hirten, Pastores, nur an einem Orte arbeiten, auch nicht wie die Apostel in die ganze Welt ausgesandt werden, sondern an bestimmte Orte geschickt werden, das Evangelium predigen und durch die Gabe des Geistes mächtig sind, den Artikel von der Rechtfertigung und Vergebung der Sünden zu verteidigen wider den Satan und falsche Apostel, Werkgerechte und Philosophen oder Vernunftweise. Sie predigen das Evangeli-

---

[6]   Die Welt, 19. Juli 2008.

um nur da, wohin sie geschickt werden, entweder von Gott unter Beglaubigung durch Wunder, wie es in der ersten Kirche geschah, oder von den Aposteln oder auch von der Kirche oder apostolischen Männern, welche dazu die Autorität haben, wie in der Apostolischen Kirche zu sehen ist. ... Solche Evangelisten, mögen sie nun an verschiedene Orte gesendet werden, und durch Reden, oder an dem selben Orte bleiben und durch Schriften wirken, bedarf die Kirche, wenn es nicht endlich dahin kommen soll, dass philosophische, menschliche Träumereien für das Evangelium gehalten werden.«[7]

Wenn Bugenhagen selbst nun immer wieder seine pastorale und bischöfliche Tätigkeit in Wittenberg unterbricht und in verschiedene Orte und Länder gerufen wird, so hat er diese Tätigkeit selbst als solchen Evangelistendienst verstanden. Er hat sich nicht etwa auf das Anordnen und Organisieren, Verwalten und Gestalten beschränkt, sondern überall, wo er zu Hilfe gerufen worden ist, um dem Evangelium Raum zu schaffen, hat er damit begonnen, zu predigen und zu lehren. Vielen fällt es heute schwer zu begreifen, was im echten lutherischen Sinn Kirchenleitung bedeutet. In erster Linie ist Kirchenleitung immer Verkündigung des Evangeliums und erst davon abgeleitet auch Entscheiden und Beschließen, Organisieren und Managen. Kirchenleitung geschieht durch Verkündigung des Evangeliums und die Feier des Gottesdienstes. Hier schlägt das Herz der Kirche. Aber dann davon abgeleitet auch durch das Leiten im engeren Sinn. Das eine darf nicht vom anderen getrennt werden.

Unter den Bedingungen seiner Zeit hat Bugenhagen dies in Übereinstimmung, ja in der Regel auf Bitten des entsprechenden Rates der Stadt oder des regierenden Fürsten getan. Dies ist freilich nur der Kontext, den das 16. Jahrhundert nahegelegt hat. Verkündigung des Evangeliums ist zu allen Zeiten zu allen Menschen die Grundaufgabe der Kirche. Darum sollten wir, wenn wir im Sinne Martin Luthers und Johannes Bugenhagens evangelisch-lutherische Kirche sein wollen, als Zielgruppe unserer Verkündigung alle Menschen in unseren Kirchengebieten im Blick haben.

In einer Zeit, in der in unserer Region nur 23 Prozent der Bevölkerung sich dem christlichen Glauben zugewandt haben und zu einer Kirche gehören, ist dies eine große Herausforderung. In einem Grundsatzpapier hat unsere Pommersche Evangelische Kirche deswegen beschlossen: Wir wollen »möglichst vielen Menschen ermöglichen, mit dem Evangelium von Jesus Christus (neu) in Berührung zu kommen«. Wir haben uns konkret vorgenommen, »den Anteil der Mitglieder der Pommerschen Evangelischen Kirche an der Gesamtbevölkerungszahl [zu] stabilisieren und mittelfristig [zu] erhöhen und in diesem Sinn wachsende Kirche [zu] werden. ... Dazu gehören insbesondere alle Anstrengungen, Menschen zu erreichen, die aus unterschiedlichen sozialen Schichten

---

[7]   Zitiert nach: Johannes Bugenhagen Pomeranus. Leben und ausgewählte Schriften, hrsg. v. K. A. T. Vogt, Elberfeld 1867, 268 f.

und Milieus, mit unterschiedlicher Bildung und unterschiedlichen Lebensge-
schichten kommen, sich mit ihren Fragen und Ängsten, ihren Hoffnungen und
Zweifeln einbringen wollen, aber in unseren Gemeinden und unserer Kirche aus
unterschiedlichen Gründen bisher nur wenige Möglichkeiten der Beteiligung und
der Mitgestaltung gefunden haben.«[8] Nur wenn wir als Pommersche Kirche
zugleich die Menschen, an die wir gewiesen sind, und das Evangelium in den
Blick nehmen, werden wir dem Erbe Johannes Bugenhagens gerecht werden.

Eine Unterstützung für unsere Arbeit kann es dabei sein, wenn ein großer Teil der durch Bugenhagen der Reformation zugeführten Kirchen in Norddeutschland in Zukunft sich auch in einer Landeskirche vereint. Hatte Bugenhagen sich noch in Hamburg und Lübeck, in Schleswig und Holstein und in
Pommern je getrennt für die Durchsetzung der Reformation einsetzen müssen, so
wird es wohl bald so sein, dass diese Kirchen, die alle durch eine gemeinsame
norddeutsche Geschichte geprägt sind, demnächst zusammengeführt werden.

Aber wie auch immer, wir danken es unserm Reformator Johannes Bugenhagen »Pomer«, dass er die Kirche in der Region Pommerns – und weit darüber
hinaus – von manchen Verirrungen durch die Predigt des Wortes Gottes erneuert
hat. Er hat den Glauben wieder an die erste Stelle in der Kirche gesetzt. Dieser
Glaube ist zuerst und zuletzt Glaube an Jesus Christus. Wir wollen unsere Aufgabe auf uns nehmen und ihn nach Kräften allem Volk in unserer Region verkündigen, damit die Liebe bleibt und die Hoffnung wächst.

---

[8]   Leben in Gottes Gegenwart. Perspektiven für die Pommersche Evangelische Kirche.
Ergebnisse des Leitbildprozesses von 2002 bis 2005, hrsg. v. d. Pommerschen Evangelischen
Kirche, Greifswald 2006, 36.

Die Kirche der begnadigten Sünder[1]

Bugenhagens Passions- und Auferstehungsharmonie

In der Nacht vom 19. zum 20. April 1558 verstarb Johannes Bugenhagen, der Stadtpfarrer von Wittenberg, Generalsuperintendent[2] des Kurkreises, Professor der Theologischen Fakultät, Reformator Pommerns, Braunschweigs, Hildesheims, Hamburgs, Lübecks, Schleswig-Holsteins, Dänemarks und Norwegens. Auf seinem Epitaph hier, in dieser, seiner Stadtkirche, steht: »Johannes Bugenhagen aus Pommern, Pastor der Kirche zu Wittenberg für 38 Jahre, gestorben im Jahr des Herrn 1558, am 20. April, im Alter von 73 Jahren starb der verehrungswürdige Mann.« Wir wollen uns fragen: Warum ist Johannes Bugenhagen »verehrungswürdig«? Ist er uns Erbe, Erinnerung, Tradition? Liegt er unserem Wirken heute nur im Rücken oder auch voraus? Wie hat uns Bugenhagen geprägt? Wie kann er uns noch die Richtung weisen?

Bekannt sind seine Kirchenordnungen. Seine Fähigkeit, für Gestaltungsprobleme Regelungen zu finden, und sein diplomatisches Geschick haben ihn zum Reformator des Nordens gemacht. Es ist nicht übertrieben zu sagen: Ohne ihn, den Reformer unter den Reformatoren, sähen Norddeutschland und Nordeuropa anders aus, ja, wäre die Geschichte im 16. Jahrhundert anders verlaufen. Zu Recht hat nicht nur Martin Luther ihn als »Bischof von Wittenberg und Kursachsen« bezeichnet, sondern auch die Pommern, die Hamburger und die Dänen haben ihm die Bischofswürde angetragen. Luther nannte ihn den bedeutendsten Lehrer der Theologie »in urbe et orbe«, in der Stadt und auf dem Erdkreis. Heute aber ist er weitgehend vergessen – warum eigentlich?

Jeder kennt Luther, aber wer kennt schon Bugenhagen? Seine Gabe war nicht das originelle und geniale Wort, sondern die Gestaltung der Verhältnisse, die Seelsorge und die Förderung der Frömmigkeit. In besonderer Weise hat er die Spiritualität der lutherischen Kirchen Europas geprägt durch die Passions- und Auferstehungsharmonie, mit der er sich sein Leben lang beschäftigte und die eine

---

[1]   Predigt anlässlich der 450. Wiederkehr des Todestages von Johannes Bugenhagen in der Stadtkirche St. Marien zu Wittenberg am 20. April 2008.

[2]   Entspricht in Funktion und Aufgaben dem heutigen Bischofsamt.

unglaublich weite Verbreitung erlangte. Neben neun lateinischen, fünf dänischen, einer isländischen und einer polnischen Ausgabe sind 67 deutsche Drucke bekannt, 36 hochdeutsche und 31 niederdeutsche. Ohne Bugenhagens Kommentar ging der Kompilationstext der Passions- und Auferstehungsharmonie als Anhang in das Evangelische Gesangbuch ein und hat so z. B. im Pommerschen Kirchengesangbuch bis zur Mitte des letzten Jahrhunderts eine bedeutende Rolle gespielt. Die entscheidende Ausgabe stammt aus dem Jahre 1530: »Historia des Leidens und Auferstehung unsers Herrn Jesu Christi aus den vier Evangelisten durch Johannes Bugenhagen Pomer aufs Neu fleißig zusammenbracht.«[3]

Aus der Harmonie lese ich den Bibeltext und Auszüge aus dem Kommentar aus dem Bericht über die Einsetzung des Herrenmahls: »Und indem sie aßen, in der Nacht, da er verraten ward, nahm der Herr Jesus das Brot, dankte, brachs, gabs den Jüngern und sprach: ›Nehmet, esset, das ist mein Leib, der für euch gegeben wird. Solches tut zu meinem Gedächtnis.‹ Desgleichen nahm er auch den Kelch nach dem Abendmahl, dankt, gab ihn und sprach: ›Trinket alle daraus. Dieser Kelch ist das Neue Testament in meinem Blut, das für euch und für viele vergossen wird zur Vergebung der Sünden. Solches tut, so oft ihr trinket zu meinem Gedächtnis.‹ Und sie trunken alle daraus.«

Bugenhagen kommentiert (ich lese jeweils in Auszügen): »Christus, so er nun wollt sterben, setzet er nicht aus ein Opfer, sondern macht ein Testament, wie es sein sollt ein ewig Gedächtnis den Jüngern. Des einigen Opfers Christi, so einmal am Kreuze geopfert, das er seinen Leib für uns in Tod gegeben und sein Blut für uns am Kreuze vergossen zur Vergebung der Sünden... Die betrübten Gewissen gebrauchen dieses Zeichens von Herzens gerne, denn damit werden sie getröstet und der Glaub gestärkt.«

Bugenhagen fügt nun aus Johannes 13 die Perikope von der Fußwaschung Jesu ein. Er kommentiert dazu: Er habe sie bewusst mitten in die Abendmahlsgeschichte hineingesetzt, sonst sei »die Historia des Evangelii Luce dawider«. In früheren Fassungen hatte Bugenhagen die Fußwaschung der Abendmahlsgeschichte vorangestellt. Er kommentiert nun, die das getan hätten, wollten nicht, dass Judas das Mahl empfangen habe. Für das Kirchenverständnis stoßen wir hier auf einen, vielleicht sogar *den* entscheidenden Punkt. Ist die Kirche die Gemeinschaft der Würdigen, der Reinen und wahrhaft Glaubenden, oder ist sie die Gemeinschaft der von Jesus eingeladenen Sünder?

Für die Beantwortung dieser Frage ist ausschlaggebend, ob bei der Einsetzung des Abendmahls als Ausdruck der innigsten Gemeinschaft mit Jesus

---

[3]   Hier und im Folgenden zitiert nach: Johannes Bugenhagen, Reformatorische Schriften, Band 1 (1515/16–1524), hrsg. v. Anneliese Bieber-Wallmann. Bearbeitet von Wolf-Dieter Hauschild und Anneliese Bieber-Wallmann, Göttingen 2013, darin: Passionsharmonie/Leiden (hochdeutsch), 348–604. – Ich danke der Herausgeberin Dr. Anneliese Bieber-Wallmann für viele Gespräche über die Theologie Bugenhagens.

Christus der Verräter teilgenommen hat oder nicht. Bugenhagen fährt in seiner Passionsharmonie im Wesentlichen mit dem Lukastext fort und schreibt: »Da solch's Jesus gesagt hatte, ward er betrübt im Geist. Und zeugte und sprach: ›Wahrlich, wahrlich, sage ich euch. Einer unter euch, der mit mir isset, wird mich verraten. Siehe, die Hand meines Verräters ist mit mir über Tische.‹ Und die Jünger wurden sehr traurig, sahen sich untereinander an und ward ihnen bange, von welchem er redete. Und sie fingen an zu fragen unter sich selbst, welcher es doch wäre unter ihnen, der das tun würde, und sagten zu ihm einer nach dem andern: ›Herr, bin ich's?‹, und der andere: ›Bin ichs?‹ Er antwortet und sprach: ›Einer aus den Zwölfen, der mit mir in die Schüssel taucht, der wird mich verraten.‹«

Lassen Sie uns im Anschluss an Bugenhagens Passionsharmonie drei Gedanken näher nachgehen: 1. Die Kirche findet ihr Maß an der Geschichte Jesu Christi. 2. Die Kirche ist die Gemeinschaft der gerechtfertigten Sünder. 3. Die Botschaft von der Rechtfertigung durch Christus lässt uns Wichtiges von Unwichtigem unterscheiden.

1. Die Kirche findet ihr Maß an der Geschichte Jesu Christi

Natürlich wissen wir heute, dass man nicht die Überlieferung der vier Evangelien einfach so zusammenfügen kann, dass dadurch der wahre geschichtliche Ablauf entsteht. Zu sehr sind bei den einzelnen Evangelisten Darstellung der Geschichte Jesu Christi und ihre je eigene Verkündigung eins geworden. Häufig genug lässt sich im Einzelnen nicht mehr unterscheiden, wo Geschichte aufhört und Verkündigung anfängt. Trotzdem ist es wahr: Die Verkündigung steht nicht auf sich selber, sondern bezieht sich auf die konkrete Geschichte Jesu Christi. Längst fragt darum auch die neutestamentliche Wissenschaft wieder nach dem geschichtlichen Jesus.

Schon der Ludimagister Johannes Bugenhagen von der Lateinschule in Treptow an der Rega wusste, dass der Glaube Anschauung braucht. Und so hat er versucht, die Spannungen und Widersprüche, die dem aufmerksamen Bibelleser auffallen, durch eine entsprechende Zuordnung zum Ausgleich zu bringen. Bugenhagen war in dieser Zeit stark vom Humanismus und besonders von Erasmus von Rotterdam beeinflusst. In dessen Gefolge entdeckte er in den Evangelien die Philosophie Christi. In der ersten Fassung seiner Passionsharmonie fordert er immer wieder den Leser auf, dem Vorbild Christi zu folgen. Christus schenkt Erkenntnis. Sein Licht erhellt die verdunkelte menschliche Einsicht.

Dann wird Bugenhagen aufmerksam auf zwei Lutherschriften. Offensichtlich hat er schon in Treptow die Schrift von der Babylonischen Gefangenschaft der Kirche und die Freiheitsschrift, beide von 1520, gelesen. Der 35-jährige Rektor der Lateinschule und Lektor des Klosters Belbuck versteht, dass mit der Lehre Martin Luthers etwas völlig Neues auf den Plan tritt. Etwas, das er so aus seinen Studien der scholastischen und humanistischen Theologie noch nicht kennt. Diese neue Lehre will er unbedingt kennenlernen.

Er gibt seine gesicherte Stellung in Treptow auf und schreibt sich an der Wittenberger Universität neu ein. Dieser Schritt war schon ungeheuerlich. Aus dem Rektor der Lateinschule und dem Lehrer der Mönche zu Belbuck wird wieder ein Student. Hatte er zuvor schon selbst exegetische und dogmatische Vorlesungen gehalten, so will er nun wieder Vorlesungen hören. Im März 1521 trifft Bugenhagen in Wittenberg ein. Es kommt wohl noch zu einer ersten Begegnung mit Martin Luther. Der bricht dann aber schon am 2. April 1521 zum Reichstag nach Worms auf. Wie wir wissen, wird Luther so bald nicht nach Wittenberg zurückkehren. Zu seinem eigenen Schutz lässt ihn sein Kurfürst Friedrich der Weise kidnappen und auf die Wartburg bei Eisenach bringen.

Immerhin findet Bugenhagen Unterkunft im Haus des anderen großen Reformators, Philipp Melanchthon. Von da an verbindet die beiden ein freundschaftliches Verhältnis. Gespräche und Studium bei Melanchthon sowie weitere Schriften Martin Luthers vertiefen Bugenhagens Erkenntnis der Bibel, besonders der Evangelien.

Von Treptow hatte er das Manuskript einer vollständigen Passions- und Auferstehungsharmonie mitgebracht. An ihr arbeitet er ununterbrochen weiter. Nicht mehr die Orientierung am Vorbild Christi und die durch ihn geschenkte Erleuchtung der Vernunft stehen nun im Zentrum. Im Kommentar zum Abendmahl distanziert er sich von der römisch-katholischen Lehre, nach der das Opfer Christi allein zur Sündenvergebung nicht genügt, sondern in der Heiligen Messe immer wieder neu geopfert werden müsse. Er streicht die Bemerkungen zum durch den Priester zu vollziehenden Messopfer Christi und betont stattdessen, dass Christus seinen Leib für uns in den Tod gegeben und sein Blut für uns am Kreuze vergossen hat »zur Vergebung der Sünden«. Viel stärker als vorher betont er, dass im Abendmahl sich der Herr für seine Menschen hingibt. Christus ist nicht mehr nur Vorbild, sondern in erster Linie Erlöser. Bugenhagen lässt das römisch-katholische Verständnis des Abendmahles hinter sich und versteht es nun aus lutherischer Perspektive.

Mit dem »neuen Bund« beginnt eine neue Art von Gottesverhältnis. Jeder Mensch ist unmittelbar zu Gott. Christus schenkt sich seinen Leuten aus freier Gnade. Es bedarf keiner Vermittlung, weder durch einen Priester, noch durch einen Papst, auch nicht durch ein immer aufs Neue zu vollziehendes Messopfer. Einmal, ein für alle Mal, hat sich Jesus Christus am Kreuz geopfert und damit den Weg zu Gott frei gemacht. Für Bugenhagen war das eine grundstürzende Erkenntnis. Maß und Mitte des christlichen Glaubens ist allein das den Weg zu Gott freimachende Werk Christi. Eine zweite Erkenntnis tritt dazu.

2. Die Kirche ist die Gemeinschaft der gerechtfertigten Sünder

Judas fand von Anfang an das besondere Interesse Bugenhagens. Wieso gehörte ein solcher Jünger, der seinen Herrn verriet, zum engeren Jüngerkreis Jesu?

Bugenhagen hat die Textfassung der Passionsharmonie, wie er sie im pommerschen Treptow angefertigt hatte, bis auf eine Ausnahme nicht verändert. Die zahlreichen Überarbeitungen beziehen sich alle auf den Kommentarteil. Die Ausnahme bezieht sich auf Judas' Teilnahme am Abendmahl.

Wer die synoptische Darstellung der Einsetzung des Abendmahls durch Jesus mit dem johanneischen Bericht kombinieren will, steht vor folgendem Problem: Bei Johannes gibt es überhaupt keine Abendmahlsgeschichte. Stattdessen bietet Johannes die Geschichte von der Fußwaschung Jesu. Jesus wäscht allen Jüngern – auch Judas – als Zeichen der Demut die Füße. Danach verlässt Judas den Jüngerkreis (Johannes 13,30). In der frühen Fassung der Passionsharmonie schildert Bugenhagen zuerst die Fußwaschung und schließt dann die Abendmahlsgeschichte an. In den späteren Fassungen setzt er die Fußwaschung mitten in die Abendmahlsgeschichte hinein.

Sehr interessant ist nun, dass Bugenhagen diesen Umschwung mit einem genauen Datum kennzeichnet. In seinen Manuskripten findet sich an dieser Stelle eine Fußnote, die auf den 28. März 1522 verweist: »Wittenberg, im Jahr des Herrn 1522, Freitag vor Lätare«. Bis zu diesem Datum hatte Bugenhagen – mit den Humanisten seiner Zeit – die Meinung vertreten, dass am Tisch des Herrn kein Platz für Unwürdige sei. Der Text des Lukasevangeliums, der eindeutig die Anwesenheit des Verräters am Tisch des Herrn voraussetzt, war Bugenhagen selbstverständlich schon früher bekannt. Und doch konnte er sich bis dahin nicht entschließen, dieser Tatsache in seiner Passionsharmonie Ausdruck zu geben. Was hatte ihn zur Änderung seiner Meinung gebracht? Das ist spannend wie ein Krimi und hat etwas mit Ereignissen zu tun, die sich hier, in dieser Kirche abgespielt haben.

Man muss sich vor Augen stellen, was bis zum März 1522 in Wittenberg passiert ist.[4] Nach etwa einjähriger Abwesenheit Martin Luthers hatte sich Andreas Bodenstein, genannt Karlstadt, zum Anführer der reformatorischen Bewegung aufgeschwungen. Mit der Unterstützung zahlreicher Studenten und der Sympathie großer Teile der Bevölkerung forderte er revolutionäre Veränderungen in der Umgestaltung des Gottesdienstes und der Kirche. Die Messe sollte abgeschafft, die Privatmessen verboten, die Bilder einschließlich der Kruzifixe aus den Kirchen entfernt und das Abendmahl nur noch in beiderlei Gestalt ge-

---

[4] Die Genese des Konfliktes, der später noch Folgen hatte, und das Verhältnis zu Karlstadt beschreibt anschaulich Martin Brecht, Martin Luther. 2. Band: Ordnung und Abgrenzung der Reformation, Stuttgart 1986, 30–53.66–72.158–172.

feiert werden und dabei Oblate und Kelch den Kommunikanten in die Hand
gegeben werden. Bugenhagen, der auf der Suche nach einem neuen, reformatorischen Verständnis war und deswegen nach Wittenberg gekommen war, wird
diese Ereignisse aufmerksam verfolgt haben. Seine Wohnung im Hause Melanchthons war natürlich eine gute Voraussetzung für Informationen aus erster
Hand. In einer Stadt mit damals ca. 3.000 Einwohnern entging dem interes-
sierten Beobachter kaum etwas. Als unter Karlstadt, der keine Beauftragung für
ein Predigt- oder Priesteramt in Wittenberg hatte, Weihnachten 1521 ein evangelischer Abendmahlsgottesdienst in der Stadtkirche gefeiert wurde, nahmen die
Spitzen von Stadt und Universität, an den weiteren Gottesdiensten Anfang Januar
1522 jeweils über 1000 Kommunikanten daran teil.[5] »Die Leute rissen sich um
das Abendmahl in beiderlei Gestalt.«[6] Zweifellos wird auch Bugenhagen daran
teilgenommen haben.

Jahrhundertealte religiöse Riten, die tief in Dogma und Frömmigkeit verwurzelt waren, standen zur Disposition. Die Stimmung war aufgeheizt und
konnte jederzeit explodieren. Am 10. Januar 1522 wurden im Augustinerkloster
Altäre und Heiligenbilder verbrannt. In einzelnen Gottesdiensten war es bereits zu ersten Gewaltausbrüchen gekommen. Der Kurfürst befürchtete Aufruhr.
Melanchthon war offensichtlich überfordert und schwankte zwischen Unterstützung und Ablehnung hin und her.

Luther stand den meisten der Veränderungen grundsätzlich theologisch
positiv gegenüber. Als aber im Februar die Bewegung gewalttätig wurde, zum
Bildersturm überging und die Veränderungen allen aufzwingen wollte, hält es
ihn nicht mehr auf der Wartburg. Am 6. März kehrte er deswegen gegen den
Willen des Kurfürsten von dort zurück und hielt täglich in der Stadtkirche in
Wittenberg von dieser Kanzel ab dem 10. März, dem Sonntag Invokavit, eine
seiner berühmten Invokavitpredigten.[7] Luther bewältigte die Situation und führte
die Reformation wieder in geordnete Bahnen zurück, indem er den Kern der
Veränderungen ausdrücklich bejaht, aber allen Zwang ablehnt. Zudem schärft er
in Rücksicht auf die Gewissen der noch nicht Überzeugten die Notwendigkeit der
Predigt des Wortes Gottes ein und mahnt einen behutsamen Wandel an. Jede
Gewalt hat zu unterbleiben.

Offensichtlich hatte Bugenhagen daraus gelernt: Die Kirche ist nicht nur von
außen, sondern auch von innen bedroht. Es ist nicht immer sofort zu erkennen,
was das Gebotene ist und wer für Gottes Wahrheit streitet. Auf dem Hintergrund

---

[5]   A. a. O., 42 u. 46.

[6]   A. a. O., 46.

[7]   Leicht greifbar in Martin Luther, Der Kampf gegen Schwarm- und Rottengeister, in: Ders.,
Ausgewählte Werke, hrsg. v. H. H. Borcherdt und Georg Merz, Bd. 4, 3. Auflage, München
1964, 33–58; WA 10 III, 1–64.

dieser lebendigen Erfahrungen nimmt Bugenhagen am 28. März 1522 die genannte Umstellung in seiner Passionsharmonie vor.

Es war ja nicht nur Judas, der immerhin einer von den Zwölfen war, der Jesus verraten hat. Auch Petrus hatte sich auf seine Weise von Jesus getrennt. In der Kombination der Evangelienberichte durch Bugenhagen ist nun Judas nicht mehr der absolute Außenseiter. Prinzipiell könnte jeder Jünger Jesus verraten. Noch einmal Bugenhagens Text: »Und die Jünger wurden sehr traurig, sahen sich untereinander an, und ward ihnen bange, von welchem er redete. Und sie fingen an zu fragen unter sich selbst, welcher es doch wäre unter ihnen, der das tun würde und sagten zu ihm einer nach dem andern: Herr, bin ich's? Und der andere: Bin ich's?«

Diese Kirche besteht nicht aus Würdigen und Reinen, sondern aus solchen, die dazu in der Lage sind, sogar ihren Herrn zu verraten.[8] Die Kirche ist eben die Gemeinschaft von Sündern, aber gerechtfertigten Sündern. Es ist die Kirche des »simul iustus et peccator«, derjenigen, die Gerechte und Sünder zugleich sind. Es kommt Bugenhagen alles darauf an, diese Erkenntnis von der Rechtfertigung aus Glauben aufgrund des stellvertretenden Opfers Jesu als Grundlage allen Kircheseins herauszustellen. Die Kirche Jesu Christi ist immer die Kirche der gerechtfertigten Sünder. Ihre Bedrohung kommt auch heute von innen. Nicht die Säkularisierung macht ihr eigentlich zu schaffen, sondern weil sie die Botschaft von der Rechtfertigung durch Jesus Christus nicht lebt, ist sie vielen Gefährdungen ausgesetzt.

---

[8]   Zum Christsein gehört die Anfechtung. Das hat Bugenhagen bei Luther gelernt. So waren es wohl nicht nur allgemein die Invokavitpredigten, sondern ganz konkret Aussagen wie die folgenden Sätze, die Bugenhagens Kirchenbild erschütterten: »Also tat Christus, da er das hochwürdig Sakrament wollt aufsetzen, da erschreckte er seine Jünger gar sehr und erschütterte ihre Herzen gar wohl zuvor, indem dass er sprach, er wollt von ihnen gehen, das ihnen sehr peinlich war, darnach da er sprach: ›Einer unter euch wird mich verraten.‹ Meinet ihr nicht, dass ihnen das sei zu Herzen gegangen? Sie haben freilich die Wort mit aller Furcht angenommen und sind dagesessen, als wärn sie all Gottes Verräter gewesen. Und da er sie all wohl bidmen, zittern und betrübt gemacht hatte etc., da setzt er allererst das hochwürdige Sakrament auf zu einem Trost und tröstet sie wieder, dass dies Brot ist ein Trost der Betrübten, ein Arznei der Kranken, ein Leben der Sterbenden, ein Speis aller Hungrigen und ein reicher Schatz aller Armen und Dürftigen.« (M. Luther, a. a. O., 53 f. = WA 10 III, 54) Als Bugenhagen am Freitag nach Invokavit (14. März 1522) Luther von der Kanzel der Stadtkirche sagen hörte, dass Jesus allen seinen Jüngern zugetraut hatte, ihn zu verraten, da brach für ihn eine weitere theologische Welt zusammen. Auch die Kirche der Reformation ist eine Kirche der potentiellen Gottesverräter. Eine reine Gemeinde gibt es nicht. Diese erschütternde Tatsache ist gleichzeitig die Ursache für die Kraft des Trostes des Evangeliums, das recht nur die Angefochtenen und »Betrübten«, nicht die Selbstsicheren trösten kann.

3. Die Botschaft von der Rechtfertigung durch Christus lässt uns Wichtiges von Unwichtigem unterscheiden

Wer Kirchenreform betreiben will, darf sich über sich selbst, über die anderen Mitarbeiterinnen und Mitarbeiter dieser Kirche und auch über die Menschen, für die er diese Reform betreiben will, nicht täuschen. Keiner kann für sich selbst die Hand ins Feuer legen. Wir sind alle miteinander Menschen, die in Situationen kommen können, in denen wir Christus verraten.

Die Zwölf aus dem Jüngerkreis Jesu haben jedenfalls nicht so hoch von sich gedacht, als dass sie sich selbst sicher gewesen wären. Judas und Petrus, jeder auf seine Weise, haben Jesus im Stich gelassen. Es ist nicht unser Gottvertrauen, auf das wir uns verlassen können. Es ist die Annahme durch Gott »ohn' mein Verdienst und Würdigkeit«, die mir das Gottvertrauen erst ermöglicht. Zutrauen zu Gott kann ich selbst nicht herstellen. Dazu kann ich mich nicht selbst veranlassen oder aufrufen. Ich kann nur annehmen, dass ich von Gott wegen Christus angenommen bin. Es ist diese Rechtfertigungsbotschaft selbst, die die innere Kompassnadel ortet.

Inwiefern? Weil die Rechtfertigungsbotschaft hilft – wie Dietrich Bonhoeffer gesagt hat[9] –, letzte von vorletzten Dingen zu unterscheiden. Die Rechtfertigung durch Gott allein aus Gnade aufgrund des Glaubens wegen Jesus Christus ist das Letzte, was sich über einen Menschen sagen lässt. Es stellt jeden in eine umfassende Perspektive vor Gott. Alles andere ist von hier aus betrachtet vorläufig. Die Frage nach der Rechtfertigung ist die letztlich entscheidende Frage. Sie bewahrt uns, vorletzte Fragen – mögen sie noch so wichtig sein – für letzte zu halten. Bei allen Gestaltungsaufgaben und in allen ethischen Fragen geht es nie um dieses Letzte. Es sind immer Fragen des abwägenden, vernünftigen Urteils, bei dem man zu unterschiedlichen Ergebnissen kommen kann. Solange wir im Grundsätzlichen einig sind, haben wir in der Kirche auch die Kraft, uns mit unterschiedlichen Standpunkten in ethischen Fragen nebeneinander stehen zu lassen.

Wir streiten uns in der evangelischen Kirche kaum um das Grundsätzliche. Aber in Fragen der Gestaltung von Kirche und Gesellschaft liegen die Nerven schnell blank. Die Pommersche Landessynode hat gerade – auch mit meiner Unterstützung – deutlich Stellung genommen gegen ein bei Greifswald geplantes Steinkohlekraftwerk. Ob Atomenergie oder Energie aus Steinkohle oder regenerative Energien als Energiequelle geboten sind, hat zwar mit der rechten theologischen Erkenntnis der Welt als Schöpfung Gottes zu tun, ist darüber hinaus aber weitgehend eine Frage des vernünftigen, abwägenden Urteils.

---

[9]   Vgl. Dietrich Bonhoeffer, Ethik, hrsg. v. Ilse Tödt, Heinz Eduard Tödt, Ernst Feil und Clifford Green (DBW 6), München 1992, 137–162.

Theologische Disqualifizierungen anders Urteilender haben zu unterbleiben. Wie ich auch immer urteilen werde, ich bleibe angewiesen auf Gottes Gnade.

Weil Johannes Bugenhagen diese grundlegende Bedeutung der Rechtfertigungsbotschaft den Pommern, den Wittenbergern und allen anderen, wo er gewirkt hat, vor Augen gestellt hat, deswegen ist er für uns nicht nur ein großer Mann der Vergangenheit, sondern auch jemand, der heute zeigt, was Zukunft eröffnet. So wie er es in der Vorrede zur Passionsharmonie herausgestrichen hat: »Der gekreuzigte Jesus Christus ist mein einiger und ewiger Heiland.« Weil Bugenhagen uns diesen Jesus Christus auf seine unnachahmliche Weise vor Augen gemalt hat, deswegen ist er ein »verehrungswürdiger Mann«, wie es der Epitaph in dieser Kirche sagt.

Verheißung

Jetzt![1]

2. Korinther 6,1-10

1 Als Mitarbeiter aber ermahnen wir euch, dass ihr die Gnade Gottes nicht vergeblich empfangt. 2 Denn er spricht (Jesaja 49,8): »Ich habe dich zur Zeit der Gnade erhört und habe dir am Tage des Heils geholfen.« Siehe, jetzt ist die Zeit der Gnade, siehe, jetzt ist der Tag des Heils!

3 Und wir geben in nichts irgendeinen Anstoß, damit unser Amt nicht verlästert werde; 4 sondern in allem erweisen wir uns als Diener Gottes: in großer Geduld, in Trübsalen, in Nöten, in Ängsten, 5 in Schlägen, in Gefängnissen, in Verfolgungen, in Mühen, im Wachen, im Fasten, 6 in Lauterkeit, in Erkenntnis, in Langmut, in Freundlichkeit, im Heiligen Geist, in ungefärbter Liebe, 7 in dem Wort der Wahrheit, in der Kraft Gottes, mit den Waffen der Gerechtigkeit zur Rechten und zur Linken, 8 in Ehre und Schande; in bösen Gerüchten und guten Gerüchten, als Verführer und doch wahrhaftig; 9 als die Unbekannten und doch bekannt; als die Sterbenden, und siehe, wir leben; als die Gezüchtigten und doch nicht getötet; 10 als die Traurigen, aber allezeit fröhlich; als die Armen, aber die doch viele reich machen; als die nichts haben und doch alles haben.

Was macht es denn so dringend, dass »jetzt die Zeit der Gnade« ist und nicht auch in Zukunft und eigentlich immer? Woran liegt es denn, dass »heute der Tag des Heils« ist und nicht auch morgen und übermorgen? Gott hat uns doch immer lieb und nicht nur in diesem Augenblick, hier und heute. Heißt es nicht wenige Verse vor unserem Predigttext: »Gott versöhnte in Christus die Welt mit ihm selber und rechnete ihnen ihre Sünden nicht zu und hat unter uns aufgerichtet das Wort von der Versöhnung« (2. Korinther 5,19)? Gottes Versöhnung geschah doch ein für alle Mal, als Christus für die Sünden der Menschheit am Kreuz auf Golgatha starb. Diese Versöhnung hat doch kein Haltbarkeitsdatum ... Sie gilt doch immer!

Warum also »jetzt« und »heute«? – Natürlich gibt es bestimmte Situationen, die einmalig sind. Da muss man sofort reagieren und darf nicht warten. Die

---

[1]   Predigt anlässlich des Generalkonvents aller Pfarrerinnen und Pfarrer der Pommerschen Evangelischen Kirche am 8. März 2006 in Züssow.

wöchentliche Aldi-Anzeige mit den Sonderangeboten z. B. ist so etwas. Wenn du nicht am frühen Morgen in den Laden gehst, hast du kaum eine Chance, das begehrte Sonderangebot zu erwerben.

Oder denken Sie sich folgende Situation: Das Telefon klingelt: »Guten Tag, hier ist das Bundeskanzleramt! Im Rahmen der Aktion ›Politik für die Bürgerinnen und Bürger‹ haben Sie Gelegenheit, Frau Bundeskanzlerin Merkel Ihren Wunsch an die Politik vorzutragen.« Bei einem solchen Anruf gilt: Entweder jetzt oder nie!

Da hat sich der junge Mann durchgerungen und gesteht seiner Angebeteten seine Liebe. Jetzt muss sie antworten. Eine Liebeserklärung erwartet eine Antwort. Nicht zu reagieren, macht die Liebe kaputt. Auf eine Liebeserklärung kann man nicht mit einer Wiedervorlage antworten.

Wenn schon unsere Erfahrungen uns Situationen ins Gedächtnis rufen, in denen es auf eine umgehende Reaktion ankommt, so gilt dies mehr noch für das Wort der Bibel, das manchmal ein »Jetzt« benennt, dem wir uns stellen müssen. Im Grunde wissen wir das, aber wir Routiniers im Umgang mit der Bibel stehen in der Gefahr, alles schon zu wissen und deswegen den heißen Atem echter Kommunikation mit Gott zu vergessen.

Ich möchte Ihnen den vorgelesenen Bibeltext mit seinem »Jetzt!« unter drei Aspekten auslegen: 1. Jetzt: Willkommen sein. 2. Jetzt: Druck aushalten. 3. Jetzt: Im Zwielicht stehen.

1. Jetzt: Willkommen sein

Versöhnen kann man sich nicht immer. Zur Versöhnung gehört nicht nur die Bereitschaft, aufeinander zuzugehen. Ein Prinzip, eine allgemeine Überzeugung genügt nicht. Versöhnung beginnt mit einem konkreten Schritt aufeinander zu.

Gott ist diesen Schritt gegangen. Er will seine Menschen, die ihm weggelaufen sind, wiederhaben. Er hat diesen Schritt auf uns zu getan. Gott ist Mensch geworden, damit wir ihn verstehen. Der große, unfassbare und unbegreifbare Gott hat sich menschenförmig gemacht, damit er mit uns kommunizieren kann.

Schließlich hat er sich noch weiter erniedrigt und hat sich von den Menschen ans Kreuz schlagen lassen. So wird Schuld vergeben. Gott erniedrigt sich bis zu diesem Akt der gewaltlosen Liebe, um uns zu zeigen, dass es ohne Opfer keine Sündenvergebung geben kann. Schließlich aber ist die tiefste Form der Erniedrigung Gottes die Bitte, mit der er seine Menschen zur Versöhnung einlädt und sich nicht aufzwingt: »So bitten wir an der Stelle Christi: Lasst euch versöhnen mit Gott!«

Wenn wir dieses Wort von der Versöhnung, diese Bitte vernehmen, dann können wir Gott nicht warten lassen. Glauben heißt eben nicht, bestimmte Informationen für wahr zu halten. Sonst könnte ich sagen: »Das läuft mir nicht davon!« »Dafür habe ich später noch einmal Zeit.« »Damit kann ich mich später beschäftigen!« Nein, Glaube ist eine lebendige Beziehung und ein persönliches Verhältnis zu Gott. Nein, wenn wir uns über Gott einreden, es sei seine Pflicht, jederzeit für jeden erreichbar zu sein, dann täuschen wir uns. Dann stellen wir das Verhältnis von Gott und Mensch auf den Kopf. Wenn wir meinen, Gott habe immer Zeit, nur wir meistens nicht, dann haben wir unsere »schlechthinnige Abhängigkeit von Gott« (Friedrich Schleiermacher) verdrängt. Wer ist denn die ausschlaggebende Instanz, die tonangebende Größe?

Der Glaube, der sich im Für-wahr-Halten von Wichtigkeiten erschöpft, ist unwichtig. Wenn der Glaube als schlechthinnige Abhängigkeit von Gott nicht immer wieder auch unsere Existenz als Pfarrerinnen und Pfarrer verändert, können wir ihn uns schenken.

Ein Glaube, der unser Leben nicht verändert, ist nicht der Glaube der Bibel. In diesem Sinne hat Dietrich Bonhoeffer im Gefängnis in Berlin-Tegel geschrieben: »Einen Gott, den es gibt, gibt es nicht«.[2] Der Gottesglaube verändert mein Leben oder es ist kein Glaube an den Gott der Bibel. Der Gott der Bibel ist mir gegenüber und ruft mich täglich zu einer Existenz vor seinem Angesicht. Wieder Bonhoeffer: »Gott ist uns ›immer‹ gerade ›heute‹ Gott.«[3]

Deswegen gilt natürlich: Wir sind Gott jederzeit willkommen. Aber wir haben nicht täglich und immer zu Gott den gleichen Zugang. Wir haben kein Anrecht auf Gottes Gnade, denn Gnade ist immer das Geschenkte, gerade das, was ich nicht verdient habe. Nicht wenn Sie sich im Besitz der Gnade wähnen, sondern wenn Sie sich nach Gnade sehnen, dann gilt Ihnen in diesem Augenblick das »Jetzt!« und das »Heute!«. Wenn Sie gerade in einem Augenblick etwas von Gottes Gnade ahnen, beim Lesen der Schrift, im Hören einer Predigt, bei einem Gespräch, dann sagt Gott: »Jetzt bist du mir willkommen!«, »Heute ist der Tag des Heils!«

Aber die Verwechselbarkeit bleibt. Friedrich Nietzsches Ausspruch, die Erlösten müssten erlöster aussehen[4], damit er an ihren Gott glauben könnte, geht an dem Charakter der Erlösung vorüber.

---

[2]   Dietrich Bonhoeffer, Akt und Sein. Transzendentalphilosophie und Ontologie in der systematischen Theologie, hrsg. v. Hans-Richard Reuter (DBW 2), München 1988, 112.

[3]   Dietrich Bonhoeffer, Vortrag in Ciernohorské Kúpele: Zur theologischen Begründung der Weltbundarbeit (1932), in: Ders., Ökumene, Universität, Pfarramt 1931–1932, hrsg. v. Eberhard Amelung und Christoph Strohm (DBW 11), Gütersloh 1994, 327–343, 332.

[4]   Vgl. Friedrich Nietzsche, Also sprach Zarathustra, Bd. 2. Chemnitz, 1883, 15. In: Deutsches Textarchiv, https://www.deutschestextarchiv.de/nietzsche_zarathustra02_1883/25 (abgerufen am 21.09.2022).

2. Jetzt: Druck aushalten

In unserer Mediengesellschaft hätte die Kirche gewiss mehr Erfolg, wenn sie der Forderung Nietzsches nachkäme. Immer lächelnde Kirchenvertreter vor den Kameras, ihr persönliches Glück verwirklichende Christinnen und Christen und lauter fröhliche Gottesdienste in den Gemeinden, das würde die Zahlen der Kirchenmitglieder erhöhen. (Ein bisschen mehr Fröhlichkeit würde uns wirklich guttun!) Aber die Euphorie der Erlösten wird weder Gott noch dieser Welt gerecht. Gott drängt sich nicht auf, er lädt ein. Gott übt keinen Druck aus, er erleidet Druck.[5] Der Apostel Paulus, über dessen Worte wir ja gerade miteinander nachdenken, hat in seinem Leben oft erfahren, dass dieser Grundzug Gottes auch seine Existenz geprägt hat. Er hat sich getröstet – und auch wir können uns damit trösten –, dass der Diener nicht mehr ist als der Herr. Und Paulus war in Bedrängnis, in Angst und Not. Im gleichen Brief schreibt er: *»Ich habe mehr gearbeitet, ich bin öfter gefangen gewesen, ich habe mehr Schläge erlitten, ich bin oft in Todesnöten gewesen. Von den Juden habe ich fünfmal erhalten vierzig Geißelhiebe weniger einen, ich bin dreimal mit Stöcken geschlagen, einmal gesteinigt worden; dreimal habe ich Schiffbruch erlitten, einen Tag und eine Nacht trieb ich auf dem tiefen Meer. Ich bin oft gereist, ich bin in Gefahr gewesen durch Flüsse, in Gefahr unter Räubern ... in Mühe und Arbeit, in viel Wachen, in Hunger und Durst, in viel Fasten, in Frost und Blöße; und außer all dem noch das, was täglich auf mich einstürmt, und die Sorge für alle Gemeinden.«* (2. Korinther 11,23b–26a.27 f. – LUT)

Ja, das alles hatte Paulus zu ertragen. Aber die Korinther hat das nicht beeindruckt. Vielmehr fanden sie, dass das Leiden und die Not des Apostels gegen ihn sprachen. Erfolg hätte ihnen imponiert. Eine boomende Statistik des Wachstums von Gemeinden hätte Eindruck hinterlassen. Aber so gaben sie dem Apostel zu verstehen: »Du bist nicht faszinierend und nicht attraktiv.«[6] In der Existenz des Apostels spiegelt sich die Signatur Jesu Christi wider. Seine Botschaft war »das Wort vom Kreuz«[7]. Dieser Botschaft entspricht keine von Erfolg zu Erfolg schreitende Kirche. Es wird innerkirchlich und außerkirchlich Druck gegen uns ausgeübt werden. Es kommt darauf an, diesen Druck auszuhalten.

Letzte Woche habe ich ein Ehepaar besucht, dessen kleiner Sohn todkrank ist. Wir haben miteinander überlegt, warum sich in dieser Situation manche Leute zurückziehen. Ist es der Gedanke: »Wenn so etwas passiert, dann bringt das den

---

[5]   Vgl. Gottfried Voigt, Die himmlische Berufung. Homiletische Auslegung der Predigttexte. Neue Folge: Reihe IV, Göttingen 1981, 149.

[6]   Vgl. 2. Korinther 10,10: »Wenn er (Paulus) selbst anwesend ist, ist er schwach und seine Rede kläglich«.

[7]   Vgl. 1. Korinther 1,18 und 2. Korinther 12,9 f.

ganzen Gottesglauben, so wie ich ihn mir zurechtgelegt habe, durcheinander? Am besten weiche ich dieser Infragestellung aus«?

Aber »jetzt« müssen wir diesen Druck aushalten und »heute« stehen wir in einem gewissen Zwielicht.

3. Jetzt: Im Zwielicht stehen

Die Leute wollen die heile Welt. »Wenn ich es schon nicht packe, nach Gottes Geboten zu leben, dann sollte es wenigstens der Pastor schaffen, und seine Ehe darf deswegen nicht zerbrechen, und schlimme, kontingente Ereignisse dürfen ihn nicht ereilen. Die Sehnsucht nach der heilen Welt und dem ungebrochenen Leben will ich mir von der Realität nicht nehmen lassen.«

Aber diese Sehnsucht wird erst im Himmel erfüllt. Wir sehnen uns nach dieser heilen Welt schon jetzt. So ging es damals schon den Korinthern. Wer war in ihren Augen der Paulus von Tarsus? Ein Unbekannter, ein hinfälliger, sterblicher Mensch, eine traurige Gestalt und eine arme Figur. Ja, sagt Paulus, in diesem Zwielicht stehe ich. Aber es ist auch das Licht dieser und der kommenden Welt, das auf mich fällt. Ja, sagt Paulus, es stimmt. Ich habe keinen großen Namen, wie die Philosophen und Rhetoriker, aber trotzdem bin ich kein No-Name-Produkt. Mein Name ist nicht unbekannt. Gott kennt ihn! Ihr Korinther mögt mich für eine wenig imponierende Person halten. Ich habe auch keinen Besitz. Aber ich kann euch reich machen, denn ich habe das Wort von der Versöhnung und lade euch zu Gott ein: »Lasst euch versöhnen mit Gott!«

Die Christen, die 1989 in Leipzig und anderswo für den Frieden gebetet haben, waren keine besonderen Menschen, und trotzdem haben sie die Geschichte Deutschlands mitgeschrieben. Die Pfarrerinnen und Pfarrer und die Mitarbeiterinnen und Mitarbeiter, die bei uns hier in Vorpommern Gemeinde aufbauen und Hoffnung stiften samt Bischof und Superintendenten ... – wir alle sind keine besonderen Größen, aber wir leben aus der Kraft Gottes. Wir gehören zu denen, die nichts haben und doch im Lichte der Ewigkeit alles haben. Auch wenn wir jetzt im Zwielicht von Zeit und Ewigkeit stehen und Druck aushalten müssen, sind wir doch Gott hoch willkommen.

Auch uns als Routiniers des Umgangs mit dem lebendigen Wort Gottes gilt: Wenn Sie Gottes Einladung aufs Neue vernehmen, seinen Anspruch hören oder seinen Trost erfahren, dann zögern Sie nicht, ihm zu antworten, denn: »Jetzt! ist der Tag des Heils.« Gottes Einladung ist besser als das Angebot des Supermarktes, das sich so viele nicht entgehen lassen wollen. Es ist wichtiger als der Anruf der Bundeskanzlerin, weil es der Weltenherr persönlich ist, der uns einlädt.

Gott hat uns eine Liebeserklärung gemacht. Er erwartet unsere Antwort.

»Jetzt ist die Zeit der Gnade, jetzt ist der Tag des Heils.«

Erst die gehorsame Tat schafft die Situation, in der geglaubt werden kann[1]

Markus 10,17–27

17 Jesus machte sich wieder auf den Weg. Da kam ein Mann angelaufen. Er fiel vor ihm auf die Knie und fragte ihn: »Guter Lehrer, was soll ich tun, damit ich das ewige Leben bekomme?« 18 Jesus antwortete ihm: »Warum nennst du mich gut? Niemand ist gut außer einem: Gott. 19 Du kennst doch die Gebote: ›Du sollst nicht töten! Du sollst die Ehe nicht brechen. Du sollst nicht stehlen. Du sollst keine falschen Aussagen machen. Du sollst nicht betrügen. Ehre deinen Vater und deine Mutter‹.« 20 Aber der Mann sagte: »Lehrer, das alles befolge ich seit meiner Jugend.« 21 Jesus sah ihn an. Er gewann ihn lieb und sagte zu ihm: »Eins fehlt dir: Geh los. Verkaufe alles, was du hast, und gib das Geld den Armen. So wirst du unverlierbaren Reichtum im Himmel haben. Dann komm und folge mir!« 22 Der Mann war unglücklich über das, was Jesus sagte, und er ging traurig weg. Denn er hatte großen Grundbesitz. 23 Jesus sah seine Jünger an und sagte: »Wie schwer ist es doch für die Menschen, die viel besitzen, in das Reich Gottes hineinzukommen.« 24 Die Jünger waren bestürzt über seine Worte. Aber Jesus sagte noch einmal zu ihnen: »Ja, Kinder, wie schwer ist es doch, in das Reich Gottes zu kommen. 25 Es ist leichter, dass ein Kamel durch ein Nadelöhr geht, als dass ein Reicher in das Reich Gottes hineinkommt.« 26 Da waren die Jünger völlig bestürzt und sagten zueinander: »Wer kann dann überhaupt gerettet werden?« 27 Jesus sah sie an und sagte: »Für Menschen ist es unmöglich, aber nicht für Gott. Denn für Gott ist alles möglich.«

In Pommern hat Dietrich Bonhoeffer das Buch erarbeitet, das ihn zu seinen Lebzeiten bekannt gemacht hat und das für ihn das vielleicht typischste Buch gewesen ist, die »Nachfolge«. Seine persönliche Art der Nachfolge hat Bonhoeffer am 9. April 1945 mit dem Tod besiegelt. 41 Jahre später, also im Jahre 1986, wurde ich zu einem theologischen Symposion zum 80. Geburtstag Dietrich Bonhoeffers an die Humboldt-Universität ins damalige Ostberlin (Hauptstadt der DDR) eingeladen. Im Hörsaal kam ich neben einem Tierarzt aus Kuba zu sitzen,

---

[1]   Predigt im Gottesdienst der 2. Sitzung der Verfassunggebenden Synode der Nordkirche am 23. Oktober 2011 in der ev. Kirche zu Heringsdorf.

dem es erlaubt worden war, ein Zusatzstudium im befreundeten sozialistischen Ausland zu absolvieren. Ich fragte ihn: »Was bewegt einen Tierarzt aus Kuba, an einer Gedenkveranstaltung für einen deutschen Theologen und Märtyrer der Evangelischen Kirche teilzunehmen?« Er antwortete: »Meine über 80 Jahre alte Mutter hat zwei Bücher, aus denen sie täglich liest. Jeden Morgen liest sie einen Abschnitt aus der Bibel und an jedem Abend einen Abschnitt aus Dietrich Bonhoeffers Buch Nachfolge. Ich bin hier, weil ich wissen möchte, was das Christsein ausmacht, wenn es darauf ankommt.«

Dietrich Bonhoeffer behandelt die Geschichte vom Reichen, der von Jesus in seine Nachfolge berufen wird, im Buch Nachfolge in dem Kapitel: »Der Ruf in die Nachfolge«. Da stellt er zunächst fest: »Die Antwort des Jüngers ist nicht ein gesprochenes Bekenntnis des Glaubens an Jesus, sondern das gehorsame Tun.«[2] Wie zu erwarten ist in den Evangelien die Reaktion der Jünger auf Jesu Ruf in die Nachfolge nicht ein Glaubensbekenntnis, sondern die Bereitschaft, Jesus ganz konkret zu folgen. Unter Nachfolge versteht Bonhoeffer »nichts anderes, als die Bindung an Jesus Christus allein, d. h. gerade die vollkommene Durchbrechung jeder Programmatik, jeder Idealität, jeder Gesetzlichkeit ... Der Ruf in die Nachfolge ist also Bindung an die Person Jesu Christi allein«.[3] Glaube ist im Neuen Testament nicht lediglich das Fürwahrhalten irgendwelcher Glaubenssätze, sondern erweist sich in konkreten Lebenssituationen. Der Ruf Jesu schafft erst eine Situation, in der geglaubt werden kann, in der sich der Angesprochene rückhaltlos auf Jesus verlässt und das von ihm Geforderte entweder tut oder verweigert. Glaube ist Nachfolge Jesu Christi, keine Weltanschauung. In diesen Zusammenhang fällt der folgenschwere Doppelsatz: »Nur der Glaubende ist gehorsam, und nur der Gehorsame glaubt.«[4]

Für diejenigen, für die Bonhoeffer diese Nachfolgeworte erstmals ausgelegt hat, waren sie ganz aktuell. Bonhoeffers Zuhörer waren die illegalen Vikare der Bekennenden Kirche, die alle Brücken zu den deutsch-christlich bestimmten Landeskirchen hinter sich abgebrochen hatten und nun bei Bonhoeffer eine Ausbildung auf der Grundlage der Barmer Theologischen Erklärung erwarteten. Ihre Zukunft war völlig ungesichert. Sie wussten nicht, ob sie jemals eine bezahlte Anstellung erhalten würden. Aber sie hatten es gewagt. Insofern war die Situation für sie ganz heiß.

Bonhoeffer legt auch die Geschichte von dem Reichen aus, den er in seine Nachfolge ruft. Die Ausgangsfrage des reichen Mannes, der sich an Jesus wendet, ist: »Was soll ich tun, damit ich das ewige Leben bekomme?« (V. 17) Manch einer

---

[2]   Dietrich Bonhoeffer, Nachfolge, hrsg. v. M. Kuske u. Ilse Tödt (DBW 4), München 1989, 45.

[3]   A. a. O., 47.

[4]   A. a. O., 52.

behauptet, diese Frage würde heute niemand mehr stellen. Ist die Frage nach dem ewigen Leben heute noch aktuell?

1. Heiße und kalte Religion

Doch, es gibt einen metaphysischen Durst. Man stellt heute wieder die Frage nach Gott, Glauben, Religion, und vor allem die nach dem ewigen Leben. Die Menschen spüren: Das Leben ist zu gewaltig. Es kann nicht einfach mit dem Tod zu Ende sein. Neueste Umfragen zur Religiosität zeigen: Mehr junge Menschen glauben als alte. Allerdings richtet sich das wiedererwachte religiöse Interesse nicht auf die traditionellen Kirchen. Deren Religiosität wird als kalt empfunden. Die Religion der verfassten Kirchen, besonders des Protestantismus, sei heruntergekühlt auf das Gesellschaftsdienliche, sagt der Berliner Philosoph Rüdiger Safranski, dem wir die Unterscheidung zwischen heißer und kalter Religion verdanken. Er beschreibt die Glaubenswelt der kalten Religion als »ein Gemisch aus Sozialethik, institutionellem Machtdenken, Psychotherapie, Meditationstechnik, Museumsdienst, Kulturmanagement, Sozialarbeit«[5]. Zur Erkaltung der Religion gehöre auch die von Max Weber genannte »Trennung der Wertsphären«, die Religion und Wissenschaft und Religion und Politik voneinander trennt. Dabei habe der Protestantismus den Glauben an ein Jenseits verloren und frage nur noch danach, was vom Glauben für die Gestaltung des Diesseits nützlich sei.

Bei der heißen Religion dagegen will »ihre Wahrheit das Ganze des Lebens erfassen und verwandeln; hier gibt es keine Trennung der Wertsphären. Hier geht es ums Ganze und sie greift nach dem ganzen Menschen. Sie will ihn von dieser Welt erlösen. Sie lockert die Weltbindung und löst sie vielleicht sogar ganz auf, entweder sanft und mystisch oder terroristisch und zerstörerisch.« Heiße Religion fände man heute im Islam, aber auch noch in Spuren im Katholizismus. Das Christentum in seinen Ursprüngen ist insgesamt heiße Religion. Es geht aufs Ganze, vermittelt authentisch Glauben und fragt nach der Ewigkeit. Die Geschichte von dem einen Reichen, der zu Jesus kommt, ist ein wunderbarer Beleg für diese Art heißer Religion der sanften und mystischen Art.

Da kommt ein Mann angelaufen und veranstaltet einen ziemlichen Wirbel. Er fällt vor Jesus auf die Knie, was selbst bei einem hervorragenden Lehrer im Judentum unüblich war. Er redet Jesus an mit »guter Lehrer«. Eine solche Anrede an einen anderen Rabbiner, einen jüdischen Lehrer, ist nicht bekannt. Wir kennen ein solches Verhalten auch von Menschen, die uns fast zu zuvorkommend begegnen. Meistens ist daran etwas verdächtig. Dietrich Bonhoeffer sieht in seiner Auslegung dieser Geschichte deswegen im Verhalten dieses Mannes ein Ausweichen vor dem gebieterischen Wort Jesu. Er zeigt damit an, dass er zwar

---

[5]   Zuerst in Cicero vom 28. April 2004, dann auch im Spiegel Nr. 3/2010.

durchaus etwas Bedeutungsvolles von Jesus erwartet, aber »nicht eine unbedingt verbindliche göttliche Weisung«[6]. Indem der Reiche seine Frage stellt, entwickelt er schon gleichzeitig seine Abwehrstrategie, damit ihm die mögliche Antwort nicht zu nahe kommen kann. Aber Jesus durchschaut die Ausflüchte des Mannes und relativiert die Anrede an ihn: »Warum nennst du mich gut, niemand ist gut, außer einem: Gott.« (V. 18) Indem Jesus dann fortfährt, beantwortet er die Frage des reichen Mannes in durchaus traditioneller jüdischer Weise.

2. Die Gebote Gottes als Brücke zum Leben

Jesus verweist den reichen Mann auf das Halten der Gebote, und er nennt ihm die Gebote der sogenannten Zweiten Tafel, die Gebote, die das Verhalten zum Mitmenschen betreffen. Voller innerer Überzeugung antwortet darauf der Mann: »Das alles befolge ich seit meiner Jugend.« Erstaunlicherweise nimmt Jesus dem Mann das ab. Er korrigiert ihn nicht und weist ihn nicht darauf hin, dass er auch schon gewiss an diesen Geboten versagt habe, sondern im Gegenteil: Jesus sieht den Mann an und gewinnt ihn lieb. Die Ernsthaftigkeit des Mannes, seine heiße Religiosität, imponiert Jesus. Doch dann setzt Jesus auf dieses stolze Selbstbewusstsein eines drauf. Er sagt: »Eins fehlt dir.« Der Hörer fragt sich: Kommt nun noch ein elftes Gebot, das dem religiös besonders Ernsthaften nun mit Gewissheit den Weg zu Gott zeigt?

Das, was Jesus sagt, könnte so verstanden werden. »Geh los. Verkaufe alles, was du hast, und gib das Geld den Armen. So wirst du unverlierbaren Reichtum im Himmel haben. Dann komm und folge mir!« Man könnte es so verstehen, dass hier demjenigen, der mit dem Brustton der Überzeugung sagt, dass er alle Gebote Gottes in seinem Leben gehalten habe, ein umso größeres zusätzlich auferlegt wird. Er soll nun freiwillig auf allen Besitz verzichten und den Erlös dafür den Armen geben.

Aber das wäre ein Missverständnis. Jesus hat den reichen Gottsucher nur an die Gebote erinnert, die das Verhältnis zum Mitmenschen betreffen. Dabei hatte der Mann doch nach dem ewigen Leben, nach seinem Heil in Gott gefragt. Hinter Jesu Antwort steckt die Wahrheit – wie es Ernst Lohmeyer, der von der russischen Besatzungsmacht ermordete Greifswalder Neutestamentler, ausgedrückt hat: »Wer sein Heil in Gott sucht, findet es nur in dem anderen.«[7] Oder wie es Paul Zulehner, der katholische Pastoraltheologe, sagt: »Wer in Gott eintaucht, taucht neben dem Armen wieder auf.« Die Frage nach Gott hängt untrennbar mit der Liebe zu meinem Mitmenschen zusammen.

---

[6]   Bonhoeffer, Nachfolge, 60.

[7]   Ernst Lohmeyer, Das Evangelium des Markus (KEK I2), Göttingen [15]1959, 210.

Und doch ist die Frage nach dem Besitz und die Aufforderung, freiwillig darauf zu verzichten, für den reichen Mann gleichzeitig die Frage danach, wie er es mit dem ersten Gebot hält. Gott will der einzige Herr sein, der im Leben der Menschen zu sagen hat. Anderen Göttern zu folgen oder ihnen zu gehorchen, schließt das Herrsein des lebendigen Gottes aus: »Du sollst keine anderen Götter haben neben mir.« (2. Mose 20,3) In der Bergpredigt nennt Jesus einen zweiten Herren, dem man nicht zugleich dienen kann, beim Namen: »Ihr könnt nicht gleichzeitig Gott und dem Geld dienen!« (Matthäus 6,24) Und Martin Luther hat in der Auslegung des Ersten Gebotes im Großen Katechismus formuliert: »Das, woran du dein Herz hängst, das ist dein Gott.« Also geht es bei der Aufforderung Jesu, alles zu verkaufen, für den reichen Mann um seine Wertehierarchie. Was kann er in seinem Leben auf keinen Fall aufgeben? Weil der Mann großen Grundbesitz besaß, sah er sich nicht in der Lage, Jesu Aufforderung zu folgen und ging – wie es heißt – »traurig weg«.

3. Glauben können als Resultat der Gnade

Jesus schaut auf seine Jünger und stellt fest: »Wie schwer ist es doch für die Menschen, die viel besitzen, in das Reich Gottes hineinzukommen.« Die Jünger sind erschrocken und bestürzt über das, was sie gerade gesehen und gehört haben. Jesus aber setzt noch einen drauf. Eher könne ein Kamel durch ein Nadelöhr gehen, als dass ein Reicher in das Reich Gottes hineinkommen könne. Damit bringt Jesus die völlige Unmöglichkeit zum Ausdruck, in das Reich Gottes hineinzukommen. »Das größte Tier, das der Vordere Orient kennt ... soll durch die kleinste denkbare Öffnung eingehen können«[8] oder eben nicht eingehen können. Also sagt Jesus nicht weniger als, wer nachfolgen kann, kann dies nie aus eigener Kraft, sondern nur, weil Gott es schenkt. Wer glauben kann, dem ist das geschenkt. Glauben können ist immer ein Resultat der Gnade Gottes. Der Reichtum dieses Gottsuchers ist nur ein Beispiel. Dieser Mann war durch seinen *Grundbesitz* gebunden. Bei anderen mag es die *Macht* sein, auf deren Ausübung sie nicht verzichten können, oder die *Geltung* vor anderen, die ihnen unverzichtbar zu sein scheint, oder der *Eros*, der ihre gesamten Gedanken füllt. Erschrocken reagieren wir wie die Jünger. Kann Jesus denn wirklich verlangen, dass der Mann all seinen Besitz aufgibt? Ist das Verhalten des Reichen nicht eigentlich alternativlos? Wer würde schon seinen gesamten Grundbesitz aufgeben, um in der doch letztlich ungewissen Beziehung zu einem solchen Rabbi zu stehen?

Liebe Schwestern und Brüder, die Bezeichnung eines bestimmten Verhaltens als alternativlos ist Ausdruck einer kalten Religion. Wer aufmerksam mitgeht mit seinem Gott (Micha 6,8), dem werden Alternativen zu scheinbar alternativlosem

---

[8]   A.a.O., 214.

Verhalten deutlich werden. So wie Dietrich Bonhoeffer zu seiner Zeit gegen die vermeintlichen Eigengesetzlichkeiten angekämpft hat, so sollten wir heute gegen die Alternativlosigkeiten ankämpfen. Zu Recht ist das Wort »alternativlos« zum Unwort des Jahres 2010 erklärt worden. Alles, beinahe alles, war alternativlos: der Afghanistan-Einsatz, die Verlängerung der Laufzeiten der Atomkraftwerke, Stuttgart 21, der Banken-Rettungsfonds usw. In England war es die frühere Premierministerin Margaret Thatcher, die ebenfalls immer von Alternativlosigkeit redete. Dort bezeichnet sich bereits eine ganze Generation als die Generation »TINA«: There is no alternative. Wer immer wieder das Wort Alternativlosigkeit im Munde führt, traut weder der Kreativität des Menschen noch dem Handeln Gottes etwas zu. Bei Gott gibt es immer noch eine Alternative.

Wer nahe dran an den Menschen ist, fühlt, wie auch heute im Protestantismus die Religion durchaus heiß sein kann. Ja, es gibt die Relativierungen und die Reduzierung aufs Innerweltliche. Aber gerade da, wo Religiosität heiß ist, hat sie auch eine Leidenschaft zur Gestaltung dieser Welt. Genau das ist typisch für das Christentum in seiner heißen Form: Wenn die Beziehung zu Jesus Christus stark ist und die Freude auf die Ewigkeit groß, dann entsteht eine unwiderstehliche Liebe zu den Mitmenschen und ein unbändiger Wille, sich in der Welt einzumischen, um den Geboten Gottes Geltung zu verschaffen.

Liebe Synodale, die Nordkirchenfusion ist nicht alternativlos. Aber wir haben uns bewusst für diesen Schritt entschieden, weil er nach menschlichem Ermessen der beste ist, den wir in dieser Sache gehen können. Vertrauen ist gewachsen, und sinnvolle Strukturen sind erdacht. Aber wir sollten diesen Schritt vor allem deswegen gehen, weil er Voraussetzungen dafür schafft, dass auch die erkaltete protestantische Religion wieder als heiß erfahren wird. Wenn wir uns auf die authentische Jesusnachfolge rückbesinnen, dann warten auch auf den coolen Norden heiße Zeiten.

Kopf hoch, Erlösung naht![1]

Lukas 21,25–33

25 Und es werden Zeichen geschehen an Sonne und Mond und Sternen, und auf Erden wird den Völkern bange sein, und sie werden verzagen vor dem Brausen und Wogen des Meeres, 26 und die Menschen werden vergehen vor Furcht und in Erwartung der Dinge, die kommen sollen über die ganze Erde; denn die Kräfte der Himmel werden ins Wanken kommen. 27 Und alsdann werden sie sehen den Menschensohn kommen in einer Wolke mit großer Kraft und Herrlichkeit. 28 Wenn aber dieses anfängt zu geschehen, dann seht auf und erhebt eure Häupter, weil sich eure Erlösung naht.

29 Und er sagte ihnen ein Gleichnis: Seht den Feigenbaum und alle Bäume an: 30 Wenn sie jetzt ausschlagen und ihr seht es, so wisst ihr selber, dass jetzt der Sommer nahe ist. 31 So auch ihr: wenn ihr seht, dass dies alles geschieht, so wisst, dass das Reich Gottes nahe ist. 32 Wahrlich, ich sage euch: Dieses Geschlecht wird nicht vergehen, bis es alles geschieht. 33 Himmel und Erde werden vergehen; aber meine Worte vergehen nicht.

»Der Wanderer über dem Nebelmeer« oder »Kreidefelsen auf Rügen«: In den Bildern von Caspar David Friedrich, dem herausragenden Maler der Frühromantik, sind immer zwei Wirklichkeiten zu erkennen, die sich wie zwei Linien durch sein Leben ziehen. Wir können sehen, wie sie miteinander ringen und wie mal die eine und mal die andere die Oberhand gewinnt. Eine dunkle, schwermütige und eine glückliche, lebensfrohe Linie kennzeichnen sein Werk.

Ein Beispiel. Im Jahr 1806 besucht Friedrich mit 31 Jahren seine Heimatstadt Greifswald. Er fertigt eine Skizze an von der »Kuh Wiese« aus im Blick auf die Stadt. Alle Türme hält er genau fest: Den der dicken Marie, den Dachreiter des Rathauses, davor in der Mitte des Bildes gedrungen das Vettentor und dann den langen Nikolaus und den kleinen Jacob.

[1] Predigt im Radiogottesdienst im Dom St. Nikolai zu Greifswald am 2. Advent (7. Dezember 2014).

Caspar David Friedrich, Der Wanderer über dem Nebelmeer (1818), Hamburger Kunsthalle

Zweimal hat Friedrich diese Skizze für Ölgemälde genutzt, doch: Wie unterschiedlich! 1816/17 malt er »Greifswald bei Mondschein«. Ein wunderschönes, aber auch ein melancholisches Bild, das eine gewisse Traurigkeit ausdrückt. Im Hintergrund sehen wir die Stadt, die vom Mond hell schimmert. Im Vordergrund, wo der Betrachter steht, ist es dunkel. Lediglich ein kleines Fischerboot ist zu erkennen, seine Netze sind zum Trocknen ausgespannt, einsam fährt es dahin. In seiner Bildsprache drückt Friedrich aus, wie der Mensch alleingelassen von

Caspar David Friedrich, Kreidefelsen auf Rügen (um 1818), Museum Oskar Reinhart am Stadtgarten, Winterthur

allen jenseitigen Mächten in der Dunkelheit des Diesseits seinen Weg finden muss.

Ganz anders: Vier Jahre später. 1820/21 malt Friedrich mit exakt der gleichen Stadtsilhouette seine berühmten »Wiesen bei Greifswald«. Da »tummeln sich hinter dunklem Gebüsch in einer blitzblanken, gelb-violetten Morgenstimmung die vom Joch befreiten Pferde, und die Turmspitzen recken sich in den links

Caspar David Friedrich, Greifswald bei Mondschein (1816/17), Nationalmuseum für Kunst, Architektur und Design, Oslo

oben aufblauenden Himmel. Ein einfacheres Bild für den ›Himmel auf Erden‹ ließ sich schwerlich finden!«[2] Greifswald war die Stadt Caspar David Friedrichs. Es war seine Stadt und seine Heimat. Er nimmt sie hier als Sinnbild wahr für seine ewige Heimat bei Gott, als Bild des himmlischen Jerusalems.

Dieser Wechsel in den Lebensfarben Caspar David Friedrichs: »Vom Dunkel ins Licht«, wie der Jugendchor gesungen hat – welche Motive finden wir dafür in seiner Biographie?

Caspar David Friedrich wurde hier im Greifswalder Dom am 6. September vor 240 Jahren getauft. Er war das sechste von zehn Kindern. Seine Mutter starb, als er sieben Jahre alt war. Was ihn sein Leben lang nicht losgelassen hat, war der Tod seines Bruders Johann Christoffer. Beide Jungen waren beim Eislaufen auf dem Greifswalder Bodden. Da bricht der 13-jährige Caspar David ins Eis ein. Sein Bruder Johann Christoffer, selbst erst zwölf, rettet ihn. Doch dann bricht Johann Christoffer selbst ein, und für ihn kommt jede Hilfe zu spät. Caspar David muss mitansehen, wie sein Bruder ertrinkt. Schuldgefühle haben den älteren Bruder

---

[2] Birte Frenssen, Zurück zu den Vätern, in: Dies./Thomas Grundner, Natürlich romantisch! Caspar David Friedrich und Freunde in Mecklenburg-Vorpommern, Rostock 2013, 37.

Caspar David Friedrich, Wiesen bei Greifswald (1821/22), Hamburger Kunsthalle

sein Leben lang nicht losgelassen. Er durfte leben, um den Preis, dass sein Bruder starb.

Ein Jahr nach diesem tragischen Erlebnis schreibt der 14-jährige Caspar David Friedrich in Schönschrift auf ein Blatt: »Gott hat selbst in unsere Schmerzen und Bekümmernisse einen gewissen Keim zum Vergnügen gepflanzt, und Dinge, die ganz widerwärtig scheinen, arbeiten miteinander zu einem gemeinschaftlichen Zweck. Aus dem Tode wird Leben geboren.«

Caspar David Friedrich ist zeit seines Lebens ein tief gläubiger Mensch geblieben. Er hat hier etwas ausgedrückt, was ihn auch später bewegt hat: Es ist eine Hoffnung, die wir auch im Evangelium für den heutigen zweiten Advent gehört haben: Das Schreckliche ist nicht der Anfang vom Ende, sondern für Euch das Ende des Schreckens. So sagt Jesus es bei Lukas. Er schildert dort nichts weniger als das Ende der Welt – ähnlich, wie wir es von Hollywood-Blockbustern kennen: herbeigeführt durch Erdbeben, Flutwellen, Meteoriten. Doch nicht die äußere Vernichtung ist das Schlimmste. Viel früher setzt schon die Zerstörung ein, wenn Angst und Sorge ein Leben vernichten. »Die Menschen werden vor Angst vergehen«, sagt Jesus. »Ja«, sagt er, »es kann einem in dieser Welt angst und bange werden.« Und wenn ich mich in meinem Leben auf das Negative fixiere, lasse ich zu, dass meine Seele zerstört wird.

Doch dann nimmt Jesus die Furcht und sagt: »Habt keine Angst. Das alles sind nur Vorzeichen für das Kommen dessen, der wahre Menschlichkeit bringt.« Der

Schriftblatt: »Gott hat selbst in unsere Schmerzen und Bekümmernisse einen gewissen Keim zum Vergnügen gepflanzt ...« 1.12.1788, Pommersches Landesmuseum, Greifswald

Menschensohn schlechthin ist niemand anderes als Jesus. »Am Ende werde ich, Jesus, mit Macht und Herrlichkeit kommen und alles zu Recht bringen.« Darum: »Erhebt eure Häupter, weil sich eure Erlösung naht!«

Am Ende stehen wir nicht vor der Katastrophe und dem Weltuntergang, sondern vor Jesus. Weil wir ihn kennen, brauchen wir uns vor nichts zu fürchten. Wir schauen in das Gesicht dessen, der in wunderschönen Bildern von dem zukünftigen Reich gesprochen hat. Es ist ein Reich, das unaufhaltsam kommt und das am Ende alles ausfüllt. Es ist das Reich, in dem Gott Gerechtigkeit schafft und in dem jeder das bekommt, was er braucht. Es ist das Reich, das bestimmt ist von der Liebe des Vaters und seiner Freude über uns, seine Kinder. Hier gibt es Vergebung der Sünden und Erlösung für viele.[3] Bei Gott werden wir getröstet und gesättigt. Deswegen: Wenn ihr all dies Schreckliche erlebt, seid nicht verzweifelt, sondern nehmt wahr, dass es auch eine andere Wirklichkeit gibt.

Zwei Wirklichkeiten, die miteinander ringen; ob ich auf drohende Widerwärtigkeiten schaue oder auf die himmlische Heimat, die am Ende auf uns wartet. Das gilt nicht nur bei Friedrich. Das gilt auch bei uns.

Ich habe Ihnen einen kleinen Feigenbaum mitgebracht. Er steht seit vielen Jahren bei uns auf dem Balkon. Das Bäumchen ist etwa einen Meter groß. Es hat

---

[3]   Vgl. Gottfried Voigt, Der schmale Weg. Homiletische Auslegung der Predigttexte. Neue Folge: Reihe 1, Göttingen 1978, 506.

jetzt keine Blätter mehr. Es ist völlig kahl. Bis vor vier Wochen war er noch grün und über und über mit den typischen großen Feigenblättern besetzt. Auch einige Früchte hatte er angesetzt, die leider in unseren Breiten nicht ganz reif werden. Nun hat er Blätter und die meisten Früchte abgeworfen. Im Frühjahr wird er wieder ausschlagen und grün werden. Dann wissen wir: Der Sommer steht vor der Tür. Jesus unternimmt nun einen gewagten Vergleich: Wenn der Feigenbaum ausschlägt, dann wissen wir: Der Sommer kommt. Wenn uns nun Katastrophen ängstigen – oder was immer uns bis ins Mark erschüttert –, dann sollen wir wissen: Der Herr kommt. Das Reich Gottes steht vor der Tür.

Dieser Vergleich sagt auch: Schaut nicht auf das, was Angst macht, sondern auf das, was uns die Angst nimmt. Jesus sagt selbst: »Kopf hoch, Erlösung naht!« Alles, auch das, was uns so sicher scheint, vergeht. Aber auf Jesu Zusagen ist Verlass. Er sagt: »Himmel und Erde werden vergehen; aber meine Worte vergehen nicht«.

Advent heißt ja nichts anderes als »er kommt zu uns«. Die Erlösung kommt von dem, der schwach und als Kind in diese Welt kam und der mächtig und als Weltenretter wiederkommen wird. Auf diese bevorstehende Ankunft Gottes bereiten wir uns in der Adventszeit vor.

Wir feiern Advent, damit wir lernen: Gott kommt in dreifach verschiedener Weise. Einmal ist er in Bethlehem gekommen. Weihnachten stellt uns Gott vor Augen, wie er damals, vor 2.000 Jahren in einem Kind gekommen ist. Aber Gott kommt auch noch heute. Er kommt *zu* uns, und er kommt *durch* uns: Ein Besuch bei jener alten Dame, deren Mann verstorben ist; so zeigt Gott: Du bist nicht allein. Jesus begegnet uns auch in den Flüchtlingen aus Syrien und dem Irak: Wo wir Hilfe und Obdach gewähren, dort ist Jesus nahe. Und: Er kommt in unsere manchmal brüchige Welt der Familien. Es ist ja keine heile Welt, in die Jesus kommen will. Er kommt, um unsere Welt heil zu machen. So wird er auch in Zukunft kommen und unsere Welt verwandeln. Liebe Gemeinde, oftmals merken wir erst im Rückblick, dass Gott gekommen ist. Da waren wir in einer Not und verzehrten uns nach einer Lösung, aber sie blieb anscheinend aus. In der Rückschau auf unser Leben erkennen wir, wie es dann – mit Gottes Hilfe – weitergegangen ist.

Der Advent erzählt uns von diesem dreifachen Kommen Gottes in unsere Welt. Gott kommt im Kind, im Sohn, und die unaufhaltsame Schwäche und die unwiderstehliche Machtlosigkeit sind seine Kraft. Im Geist kommt Gott auch schon heute. Er ist uns in schwerer Zeit nahe. Und schließlich wird er am Ende in Macht und Herrlichkeit kommen. Diese Klarheit und Einmaligkeit wünsche ich mir schon heute. Wie der alttestamentliche Prophet möchte ich rufen: »O Heiland, reiß die Himmel auf!«

Aber noch haben wir diese Klarheit nicht. Noch leiden und sterben wir in dieser Welt. Noch ringen beide Linien miteinander: Die traurige, melancholische und die heitere, himmlische Linie. Noch wirkt Gott allzu häufig unter dem Anschein des Gegenteils, und wir müssen uns wie der 14-jährige Caspar David Friedrich trösten: »Gott hat selbst in unsere Schmerzen und Bekümmernisse einen gewissen Keim zum Vergnügen gepflanzt ... Aus dem Tode wird Leben geboren.« Noch müssen wir damit leben, dass alles vergeht. Aber wir wissen auch, dass Jesu Worte und Zusagen bleiben: »Kopf hoch, ich komme zu dir, und ich will dir nahe sein!«

Gott und den Menschen nahe[1]

Jesaja 58,1–9a

1 Rufe getrost, halte nicht an dich! Erhebe deine Stimme wie eine Posaune und verkündige meinem Volk seine Abtrünnigkeit und dem Hause Jakob seine Sünden! 2 Sie suchen mich täglich und begehren meine Wege zu wissen, als wären sie ein Volk, das die Gerechtigkeit schon getan und das Recht seines Gottes nicht verlassen hätte. Sie fordern von mir Recht, sie begehren, dass Gott sich nahe. 3 »Warum fasten wir und du siehst es nicht an? Warum kasteien wir unseren Leib und du willst's nicht wissen?«

Siehe, an dem Tag, da ihr fastet, geht ihr doch euren Geschäften nach und bedrückt alle eure Arbeiter. 4 Siehe, wenn ihr fastet, hadert und zankt ihr und schlagt mit gottloser Faust drein. Ihr sollt nicht so fasten, wie ihr jetzt tut, wenn eure Stimme in der Höhe gehört werden soll. 5 Soll das ein Fasten sein, an dem ich Gefallen habe, ein Tag, an dem man sich kasteit, wenn ein Mensch seinen Kopf hängen lässt wie Schilf und in Sack und Asche sich bettet? Wollt ihr das ein Fasten nennen und einen Tag, an dem der HERR Wohlgefallen hat?

6 Das aber ist ein Fasten, an dem ich Gefallen habe: Lass los, die du mit Unrecht gebunden hast, lass ledig, auf die du das Joch gelegt hast! Gib frei, die du bedrückst, reiß jedes Joch weg! 7 Brich dem Hungrigen dein Brot, und die im Elend ohne Obdach sind, führe ins Haus! Wenn du einen nackt siehst, so kleide ihn, und entzieh dich nicht deinem Fleisch und Blut! 8 Dann wird dein Licht hervorbrechen wie die Morgenröte, und deine Heilung wird schnell voranschreiten, und deine Gerechtigkeit wird vor dir hergehen, und die Herrlichkeit des HERRN wird deinen Zug beschließen. 9 Dann wirst du rufen und der HERR wird dir antworten. Wenn du schreist, wird er sagen: Siehe, hier bin ich.

Mit Gott haben wir gewöhnlich kein Problem, aber andere Menschen machen uns manchmal das Leben schwer – so denken wir. Gott liebt seine Menschen, aber die Menschen lieben sich untereinander nicht. Wir haben über Gott gehört: Er ist

---

[1]   Predigt im Berliner Dom zum 150. Jahresfest des Jerusalemsvereins am 10. Februar 2002 (Estomihi). Vgl. www.jerusalemsverein.de.

die Liebe. Gott ist in Jesus Christus zu uns Menschen gekommen. In Krisensituationen und Schwellenzeiten des Lebens steht er uns bei: bei der Geburt, beim Übergang von der Kindheit zum Jugendalter, bei der Eheschließung, beim Sterben. Wir gehen davon aus, dass Gott auf unserer Seite ist. Wir suchen gern seine Nähe. Wir begehren, *»dass Gott sich nahe«.*

Der Prophet warnt uns, Gott als Erfüllung unserer Wünsche und Erwartungen zu verstehen. Er redet nicht zu solchen, die Gott nicht kennen, sondern zu denen, die ihn täglich suchen. Denen muss er allerdings sagen: Ihr könnt Gott nicht vereinnahmen. Gott steht nicht selbstverständlich auf der Seite der Frommen. Es gibt eine Frömmigkeit, die nichts anderes als Bigotterie ist, weil sie Gott nur fürs eigene Wohlergehen funktionalisiert. Gott liebt aber jeden Menschen. Er hat alle Menschen geschaffen und allen gleiche Würde und gleiche Rechte geschenkt. Wer nur Gott nahe sein will und dabei Recht und Gerechtigkeit seiner Mitmenschen vergisst, findet den lebendigen Gott nicht.

Darum hat vor 150 Jahren ein Haufen gottesfürchtiger Leute den Jerusalemsverein gegründet, weil sie nach einer Reise ins Land der Bibel und vor allem nach Jerusalem verstanden hatten: Auch in dem Fremden, auch in den Menschen, die heute im Lande der Bibel leben, begegnet uns Gottes Ebenbild, Menschen, die er mit gleicher Würde und gleichen Rechten wie uns geschaffen hat, »unser Fleisch und Blut«.

Auslöser für die Gründung des Jerusalemsvereins waren die Erfahrungen der beiden Palästinafahrer Friedrich Adolf Strauß und Karl Krafft, die 1845 die Stadt Jerusalem für acht Wochen besuchten. Sie sahen die desolate Lage des Landes. Es gab keine Infrastruktur, ja noch nicht einmal Straßen. Es gab keine ordentlichen Hotels, keine Zeitung und keinen akademisch ausgebildeten Arzt. Sie erkannten sofort, dass eine Ursache dieser Zustände im fehlenden Schulwesen lag. Es gab religiöse Unterweisung, aber keine allgemeinbildenden Schulen. Damals lebten nur einige hunderttausend Menschen im ganzen Land. Die meisten waren Araber und Moslems. Zehn Prozent der Araber waren Christen. In ganz Palästina lebten lediglich 12.000 Juden.

Friedrich Adolf Strauß war zutiefst ergriffen, als er in der Karwoche dieses Jahres an den Orten stand und die Wege ging, die sein Herr Jesus Christus auch gegangen war. Er hatte das Gefühl, hier Jesus näher zu sein. Wie viele Touristen und Pilger, die heute nach Jerusalem kommen, erlebte er angesichts der Orte und Stätten des Landes der Bibel, dass Gott wirklich in diese, unsere Welt gekommen ist. Diese Erfahrung der Nähe Gottes bringt den beiden Palästinafahrern auch das Schicksal der im Lande lebenden Menschen nahe. Weil ihnen Gott nahegekommen ist, trifft sie die Not der Menschen Palästinas. In dieser Verbindung von erfahrener Nähe Gottes und Übernahme von Verantwortung für den Nächsten zeigt sich der biblische Glaube. Mit den Worten des katholischen Pastoraltheologen Paul Michael Zulehner gesagt: »Wer in Gott eintaucht, taucht neben dem

Armen wieder auf.«[2] Wer dagegen Gott allein für sich genießen will, wer sich Gottes allzu sicher ist, der muss sich von Gott selbst fragen lassen, ob er »*die Gerechtigkeit schon getan und das Recht seines Gottes nicht verlassen hätte*« (V. 2).

Der Prophet warnt uns: Es gibt eine Art von Heilsegoismus. Wer Gott nur für die eigene Seite, die eigene Gruppe, das eigene Volk reklamiert, steckt ihn sozusagen in die Tasche und macht ihn unwirksam. In Deutschland haben wir erlebt, wie aus solch einer Überschätzung der eigenen Nation die Verachtung anderer Völker, Kulturen und Glaubensweisen werden kann. Der Nationalsozialismus lehrt uns, wie kurz wiederum die Wege von der Verachtung zur Vernichtung der anderen sind. Juden und slawische Völker galten als minderwertiges Leben, das den eigenen Zielen geopfert werden konnte. Hier und dort blüht auch heute in unserem Land Neonationalsozialismus auf. Wir sind gewarnt: Auch heute sind wir nicht »*ein Volk, das die Gerechtigkeit schon getan und das Recht seines Gottes nicht verlassen hätte*«.

Aber auch nach den Terroranschlägen vom 11. September des letzten Jahres stellen sich uns Fragen. Wer fragt nach den Hintergründen und Ursachen? Wir haben es ja nicht mit einem irrational Bösen, sondern mit konkreten geschichtlichen Entwicklungen zu tun. Wir leben in einer Welt mit einem unglaublichen Wohlstandsgefälle von Nord nach Süd, manchmal im eigenen Land. Ich war erschrocken, als ich am 23. September des letzten Jahres die zivile religiöse Trauerfeier aus dem Yankee-Stadion in New York am Bildschirm verfolgte. »A Prayer for America«, »Ein Gebet für Amerika« war ein Gebet ohne Selbstkritik und Buße. »Wir werden siegen, denn wir sind Amerika«. Nimmt der Westen nicht wahr, dass der »Kampf der Kulturen« auch ein Kampf der Armen gegen die Reichen und ein Kampf der Entwürdigten gegen die Entwürdiger ist?

Wie der Prophet im 6. Jahrhundert auf katastrophale soziale Verhältnisse hinweist und eine versagende Regierung an ihre Verantwortung mahnt, so dringt er mit Schärfe auf Recht und Gerechtigkeit. Ein Gottesdienst, der die soziale Barmherzigkeit nicht fördert, ist leerer Kultbetrieb. Deswegen: »*Lass los, die du mit Unrecht gebunden hast, lass frei, auf die du das Joch gelegt hast! Gib frei, die du bedrückst, reiß jedes Joch weg! Brich dem Hungrigen dein Brot, und die im Elend ohne Obdach sind, führe ins Haus! Wenn du einen nackt siehst, so kleide ihn, und entzieh dich nicht deinem Fleisch und Blut!*« (V. 6–7)

Im Israel-Palästina-Konflikt wird jeder mit einem klaren Blick für die Realitäten einsehen, dass beide Seiten das ihre zur Abwiegelung von Gewalt tun müssen. Jedes Töten aus politischen Motiven ist Öl in das Feuer dieses Konfliktes.

---

[2] Paul M. Zulehner, Evangelisierung im Kontext der Postmoderne. Ruf zur Umkehr und kulturelle Plausibilität – Ein Spannungsverhältnis, in: Gottes Lust am Menschen. Kongress für kontextuelle Evangelisation, 20.–23. September 1999. Dokumentation (Aus der Praxis für die Praxis, 2000), hrsg. v. der Evangelischen Kirche von Westfalen, Amt für missionarische Dienste, Dortmund, 22–28, 23.

Niemand, der Gott ernst nimmt, kann Selbstmordattentate oder die gezielte Liquidierung von politischen Gegnern legitimieren.

Auch hier gilt es, die Vielschichtigkeit dieses Konfliktes wahrzunehmen. Öffentliche Meinung, Presse und Politik in Deutschland leiden in Bezug auf den Israel-Palästina-Konflikt an Wahrnehmungseinschränkungen. Man muss schon tief in den deutschen Nachrichtenblätterwald hineinschauen, um wahrzunehmen, dass etwa 70 Häuser von Palästinensern durch israelische Streitkräfte als kollektive Strafmaßnahme zerstört worden sind, ohne dass die Schuld der dort wohnenden Menschen festgestellt wurde. Hunderttausende Bäume palästinensischer Bauern wurden in den letzten Monaten von der israelischen Armee zerstört. Am Rande, in einer kleinen Notiz, lese ich vor einigen Tagen, dass allein die Höhe der Schäden, die Israel als kollektive Strafmaßnahmen an palästinensischen Projekten verursacht hat, die vor wenigen Jahren auf Bitten Israels zur Begleitung des Friedensprozesses durch europäische Staaten gefördert worden sind, mehr als 17 Millionen Euro beträgt. Wir nehmen in Deutschland wahr, dass immer wieder palästinensische Selbstmordattentäter israelisches Leben töten. Aber nehmen wir in der deutschen Öffentlichkeit auch wahr, was vorher und nachher geschieht? Fragen wir nach Ursache und Wirkung und nach den Hintergründen?

Ja, ich verstehe sogar dieses Wahrnehmungsdefizit. Als ich vor 22 Jahren als junger Theologe nach Jerusalem gegangen bin und dort als Vikar gearbeitet habe, da war ich innerlich aufgrund der deutschen und christlichen Schuldgeschichte ganz für Israel eingestellt. Ich habe auch damals nicht unterschieden zwischen Staat und Volk Israel. Ich war zutiefst erschüttert über das, was Deutsche Juden angetan hatten. Meine ersten Eindrücke im unheilig heiligen Land schienen diese Voreinstellung zu bestätigen. Ich war beschämt über das, was ich damals in Ausübung meines Dienstes als Vikar in der Jerusalemer Altstadt täglich sah. Da kamen die älteren Leute zu uns zu Kirchenkonzerten, um deutsche Kultur zu erleben, und ich erkannte auf ihrem Arm die eintätowierte KZ-Nummer. Da musste ich mich als Vikar um einen Mann kümmern, dem die nationalsozialistische Judenverfolgung den Verstand geraubt hatte. Aber ich sah dann zunehmend auch das Andere, nämlich wie ein Volk, das Opfer des Handelns des deutschen Volkes gewesen war, andere, nämlich Palästinenser, zu ihren Opfern machte. Anfangs habe ich mich geweigert, die Berichte von der täglichen Schikane, von den Häusersprengungen als kollektive Strafmaßnahme, von der sechsmonatigen Administrativhaft, die nur auf Verdacht ohne Klärung der Vorfälle verhängt werden durfte, als bare Münze zu nehmen. Aber die Wucht der Fakten, gesammelt nicht zuletzt durch israelische Menschenrechtsgruppen, war zu groß. Überhaupt half mir die Begegnung mit diesem anderen, kritischen Israel, das die Finger auf die Wunden legte, die das eigene Verhalten bei anderen hervorrief, zu einer neuen Einstellung.

Wenn ich heute von Gaza nach Ashkalon fahre, gewiss durch unsägliche Grenzkontrollen und gegenwärtig kaum möglich, dann lege ich nur wenige Kilometer zurück, aber ich fahre von der Dritten Welt in die Erste Welt. In Gaza begegne ich Menschen, denen das Nötigste zum Leben, zur Stillung ihrer elementaren Bedürfnisse fehlt. In Ashkalon erlebe ich eine gepflegte Küstenstadt mit den schönsten touristischen Einrichtungen und dem ganzen Luxus, der dazu gehört.

Das Problem, von dem der Prophet spricht, kennen wir als Christinnen und Christen auch. Als Glaubender habe ich verstanden, dass ich die Bibeltexte nicht nur gegen andere und für uns, sondern auch gegen mich, auch gegen uns lesen muss. Sonntags feiern wir als Christen, alltags gebärden wir uns wie Heiden. Heute feiern wir ein schönes Jahresfest des Jerusalemsvereins, schon morgen können wir die Botschaft des Wortes Gottes vergessen haben. Im Gottesdienst suchen wir die Nähe Gottes. Im Alltag vernachlässigen wir Recht und Gerechtigkeit. Wir reißen auseinander, was zusammengehört: Den Gottesdienst und die Geschäfte, unsere Befreiung durch Gott und die Freiheit, die wir anderen gönnen, unsere Frömmigkeit und das Brechen des Brotes für den Hungrigen, unsern Glauben und das Herbergegeben für den Obdachlosen und das Bekleiden des Nackten.

Auch in unserem Leben fällt auseinander, was zusammengehören sollte. Dabei liegt die Verheißung der Nähe Gottes nur über dem Leben, in dem die Zuwendung zu Gott und die Zuwendung zu dem Bedürftigen aus der gleichen Bewegung kommen. »*Entzieh dich nicht deinem Fleisch und Blut*«. »*Hier*«, sagt Gott, »*bin ich wirklich da*«. Dann »*wird dein Licht hervorbrechen wie die Morgenröte und deine Heilung wird schnell voranschreiten und deine Gerechtigkeit wird vor dir hergehen und die Herrlichkeit des Herrn wird deinen Zug beschließen. Dann wirst du rufen und der Herr wird dir antworten. Wenn du schreist, wird er sagen: Siehe, hier bin ich.*« (V. 8–9)

Die Heilung unseres Schadens, unserer Sünde, gibt es nur in der Integrität unseres Lebens. Nur ein ganzes Leben ist heil. Schon zu Abraham hatte Gott gesagt: »*Lebe vor mir und sei ganz!*« (1. Mose 17,1) Für uns ist die große Frage: Können wir das schaffen? Reichen unsere Kräfte und Möglichkeiten, diese Ganzheitlichkeit des Lebens herzustellen? Können wir gleichzeitig eine Leidenschaft für Gott und für die Menschen entwickeln? Können wir uns gleichzeitig Gott und dem Menschen zuwenden?

Es wird davon abhängen, in welchen Gott wir eintauchen, ob wir neben dem Armen wieder auftauchen. Wir werden scheitern, wenn wir uns nicht ganz energisch dem einen zuwenden, der Gott und Mensch in einem ist. Jedes Bemühen um Ganzheit, das an Jesus Christus vorbeigeht, wird immer Probleme behalten, das Engagement für Gott und Menschen zusammenzubringen.

Es ist nicht möglich, den Blick gleichzeitig auf zwei Ziele zu richten. Seit Jesus Christus, der Gott und Mensch in einem ist, ist es möglich, den Blick auf den

Menschen zu richten und Gott nicht aus dem Auge zu verlieren. Indem ich Gott in Christus anblicke, schaue ich in ein menschliches Gesicht und kann die anderen Gesichter der Geschundenen und Geschlagenen, der zu kurz Gekommenen mit dem gleichen Antlitz nicht vergessen.

Diese Woche beginnt die Passionszeit. Das Geheimnis der Passion Jesu Christi liegt darin, dass wir uns zu diesem ans Kreuz Geschlagenen mit unserer Sehnsucht nach Gott wenden können. Wir werden uns wundern, von wo dann die Antwort kommt: »*Siehe, hier bin ich!*« Vielleicht rührt uns dann der Schmerz des palästinensischen Bruders oder das Leiden der israelischen Schwester. Auf jeden Fall vertieft das Anrufen des Gekreuzigten die Wahrnehmungsfähigkeit für das Leiden Gottes in dieser Welt.

Der Jerusalemsverein hat in 150 Jahren gelernt: Gott spricht nicht durch unsere Stärke, sondern durch die Schwäche der Leidenden in dieser Welt. Es ist unser Auftrag, diese Stimme Gottes auch heute zu hören und ihr Resonanz zu geben. Gebe Gott noch einmal 150 Jahre seinen Segen dazu.

Juden und Christen: Gemeinsam Gott entgegengehen

Dialogpredigt mit Landesrabbiner William Wolff[1]
Jesaja 62,6–12

I (Bischof Dr. Hans-Jürgen Abromeit)

Es ist etwas Besonderes, wenn heute am Israelsonntag der Bischof und der Landesrabbiner gemeinsam im Greifswalder Dom Gottesdienst feiern. Vor einigen Jahren wäre das noch undenkbar gewesen. Erlauben Sie mir deswegen, bevor wir zum Predigttext kommen, einige grundlegende Bemerkungen.

Wir feiern heute den Israelsonntag. Wenn wir als Christen über unser Verhältnis zum Judentum nachdenken, dann wissen wir von vornherein: Dies ist ein kompliziertes Verhältnis. Nach einer 2.000-jährigen Geschichte von Christen und Juden stehen wir weithin vor einem Trümmerhaufen. Die christliche Religion ist aus der jüdischen hervorgegangen. Jesus war Jude und hat sich in seiner Botschaft vor allen Dingen an sein Volk, also an das jüdische Volk gerichtet (vgl. z. B. Matthäus 15,24). Die, die sich in seiner Nachfolge gesammelt haben, waren zuerst ein Teil der jüdischen Gemeinde, bis diese die Christen als einen Fremdkörper empfunden und ausgestoßen hat. Aber bis dahin versammelten sich die ersten Christen in Jerusalem, und solange der Tempel stand, trafen sie sich dort zum Beten.

Und doch hat die Mehrheit des jüdischen Volkes den Anspruch der Christen abgelehnt, in diesem Lehrer aus Nazareth, diesem Jesus, Sohn der Maria und des Joseph, den von den Propheten verkündeten Messias zu erkennen. Und wenn dieser Gesalbte (= Christus) im Anschluss an Psalm 2,7 als Sohn Gottes verstanden worden ist, dann war das für die traditionellen jüdischen Gläubigen unerträglich. So wurde die christliche Gemeinde, die Kirche, etwas Eigenes neben dem Volk der Juden. Damit traten Juden und Christen in eine Konkurrenz um die Wahrheit ein.

Ein gefährlicher Zug kam in diese nicht einfache Beziehung, seitdem die Christen sich seit dem 4. Jahrhundert mit der herrschenden Staatsmacht ver-

---

[1] Zum Israelsonntag (10. Sonntag n. Trinitatis) am 23. August 2006 im Dom St. Nikolai zu Greifswald.

bunden haben. Schaut man auf die Geschichte Konstantins des Großen, des ersten christlichen römischen Kaisers, muss man vielleicht sogar eher sagen, dass sich die Staatsmacht mit dem christlichen Glauben verbunden und damit auch durchaus weltliche Ziele verfolgt hat. Aber wie dem auch sei, seit dem 4. Jahrhundert waren die Christen die mächtigere und politisch überlegene Religion, und es setzte eine lange Geschichte von Diskriminierung, Misshandlung und Verfolgung des jüdischen Volkes ein. Viele Forschungen haben rückblickend gezeigt, dass diese Diskriminierung und Verfolgung in der Regel von den staatlichen Autoritäten ausgingen.

Christen und die Kirche haben einfach zugesehen, was geschah. Zum Teil nahmen sie auch billigend in Kauf, dass der Staat den jüdischen Bürgern nicht die gleichen Rechte wie den christlichen Bewohnern einräumte oder den Juden sogar die Lebensgrundlage entzog. Zum Teil gingen aber auch Verfolgungen direkt von der Kirche aus – und das ist für uns sehr schwierig zu sagen. Wir können nur mit Scham auf diese Schuld der christlichen Kirche zurückblicken. Das Wissen war schlichtweg verloren gegangen, dass Juden und Christen Geschwister im Glauben sind.

Diese lange Geschichte der Marginalisierung und Verfolgung von Juden durch Christen gipfelte schließlich in einer Katastrophe, die folgerichtig von den Juden »Shoa« genannt wird. Dafür stehen auch die Namen Holocaust, Auschwitz oder als eine Art von Euphemismus die Rede von der »Endlösung der Judenfrage«. Und hier haben wir nicht nur als Christen, sondern besonders als Deutsche zu unserer Schuld zu stehen. Man kann es wenden, wie man will, es handelt sich um einen Genozid bis dahin unbekannten Ausmaßes des deutschen Volkes an dem jüdischen Volk.

Als Menschen von heute, als Christen, sind wir erschrocken, wie so etwas passieren konnte. Wir begegnen uns heute als Juden und Christen im Bewusstsein unserer christlichen Schuld und suchen nach einem neuen Verhältnis zu unseren jüdischen Mitbürgern. Wir erkennen dabei unser gemeinsames Erbe, zu dem vor allen Dingen unser Altes Testament gehört, das eigentlich die Bibel der Juden ist. Diesen Teil unserer Heiligen Schriften haben wir von dem Judentum entliehen. Darum sind wir dankbar, dass wir z. B. heute am Israelsonntag die Gelegenheit haben, gemeinsam mit Rabbiner Wolff nach dem rechten Verständnis eines Bibeltextes für Juden und Christen zu fragen.

Der für heute vorgeschlagene Predigttext steht im Buch des Propheten Jesaja 62,6–12:

6 O Jerusalem, ich habe Wächter über deine Mauern bestellt, die den ganzen Tag und die ganze Nacht nicht mehr schweigen sollen. Die ihr den HERRN erinnern sollt, ohne euch Ruhe zu gönnen, 7 lasst ihm keine Ruhe, bis er Jerusalem wieder aufrichte und es setze zum Lobpreis auf Erden! 8 Der HERR hat geschworen bei seiner Rechten und bei seinem starken Arm: Ich will dein Getreide nicht mehr deinen Feinden zu essen geben noch deinen Wein, mit dem du so viel Arbeit hattest, die Fremden trinken lassen, 9 sondern die es einsammeln, sollen's auch essen und den HERRN rühmen, und die ihn einbringen, sollen ihn trinken in den Vorhöfen meines Heiligtums. 10 Gehet ein, gehet ein durch die Tore! Bereitet dem Volk den Weg! Machet Bahn, machet Bahn, räumt die Steine hinweg! Richtet ein Zeichen auf für die Völker! 11 Siehe, der HERR lässt es hören bis an die Enden der Erde: Sagt der Tochter Zion: Siehe, dein Heil kommt! Siehe, was er gewann, ist bei ihm, und was er sich erwarb, geht vor ihm her! 12 Man wird sie nennen »Heiliges Volk«, »Erlöste des HERRN«, und dich wird man nennen »Gesuchte« und »Nicht mehr verlassene Stadt«.

In diesem Wort redet ein Prophet Israels, der sich in der Tradition des großen Propheten Jesaja versteht. Aber er lebt nicht wie dieser im 8. Jahrhundert vor Christus, sondern einige Jahrhunderte später, nach der Zerstörung des Tempels in Jerusalem durch die Babylonier und der Wegführung vieler Bewohner des Landes nach Babylon. Er lebt wieder in Jerusalem, aber in einem dürftigen Jerusalem, und darum redet er auch so, wie er es tut.

Jerusalem – das ist in der Tradition Israels ein Ort auf dieser Erde, wo Gott in besonderer Weise anwesend ist. Darum hat man ihm auch den Ehrennamen »Zion« gegeben. Für uns Christen verbindet sich mit Jerusalem immer ein Doppeltes.

Zum Ersten ist Jerusalem die irdische Stadt, deren genaue Längen- und Breitengrade auf dieser Erdoberfläche im Nahen Osten zu benennen sind. Mit Interesse verfolgen wir das Schicksal dieser irdischen Stadt und ihrer Bewohner. Darüber hinaus ist aber Jerusalem auch ein Symbol für eine ungebrochene Gottesbeziehung, die allen Menschen verheißen ist. Nicht umsonst redet die Bibel an zentraler Stelle auch von einem »himmlischen Jerusalem«, das einmal an die Stelle des irdischen treten wird. Dieses himmlische Jerusalem symbolisiert die Hoffnung auf ein ewiges Leben in der Nähe Gottes.

So hören wir als Juden und als Christen schon in diesem Bibeltext etwas anderes, weil er für uns jeweils in anderen Glaubenstraditionen verwurzelt ist. Der Prophet redet von »Wächtern über den Mauern Jerusalems«.

Wen meint er damit? Es sind offensichtlich Menschen, die – wie der Prophet – Gott an seine Verheißungen für die Gottesstadt erinnern. Am ehesten ist hier an die Zuhörer des Propheten zu denken, die seiner Botschaft folgen. Sie leiden unter der trostlosen Situation des Zions als Versammlungsort der Gläubigen. Sie erinnern Gott daran, dass doch bald wieder die Zeit kommen möchte, in der man in Jerusalem zusammenkommt und die schönen Gottesdienste des Herrn feiern möge. Der Prophet leidet mit diesen Menschen darunter, dass die Gemeinde Gottes so schwach ist in dieser Welt, dass sie dem Willen Gottes kaum Gehör verschaffen kann und dass den Menschen alles andere wichtiger ist, als Gott zu dienen. Gemeinsam mit den Wächtern appelliert der Prophet an Gott, seiner

Gemeinde in dieser Welt wieder eine ganz andere Stellung zu geben, damit sie deutlich auf Gott und seinen Willen hinweisen kann.

Der Prophet befindet sich also in einer ganz ähnlichen Lage wie heute sowohl die christliche als auch die jüdische Gemeinde. Ihr direkter Einfluss ist schwach in der Gesellschaft. Manche schließen daraus auf ihre Bedeutungslosigkeit. Aber wir haben einen Auftrag von Gott, Orientierung zum Leben zu geben – für Zeit und Ewigkeit. Darum ist es wichtig, dass es sie überhaupt gibt und sie ihren Auftrag wahrnehmen können.

Nun existieren wieder jüdische Gemeinden unter uns. Wer hätte das vor einigen Jahren für möglich gehalten? Aber es gibt sie wieder in Schwerin, Rostock und Wismar. Das ist ein Wunder. Aber auch, dass die christlichen Gemeinden nach Jahren der Diskriminierung und Marginalisierung im Ostteil Deutschlands nach wie vor in Wort und Tat ihren Gottesglauben bezeugen, ist ein kleines Wunder. Geht es uns, der jüdischen wie der christlichen Gemeinde, ähnlich wie der kleinen Gemeinde der Rückkehrer aus dem Exil nach Jerusalem, die Gott daran erinnert, dass er seiner Gemeinde eine Aufgabe und eine Verheißung gegeben hat und ihr dann auch bitte die Möglichkeiten gewähren möchte, diese Aufgabe auszuführen?

Aus christlicher Perspektive löst sich also die Funktion, die Glaubenden zu versammeln und zuzurüsten und als ein Werkzeug Gottes für den Dienst in der Welt zu benutzen, von der historischen Stadt Jerusalem. Überall dort, wo Menschen zusammenkommen, Gottesdienst feiern, auf das Wort Gottes hören und zu ihm beten, findet dann »Jerusalem« statt. Wichtiger, als dass Menschen zur Stadt Jerusalem gehen, ist, dass sie überhaupt zu Gott finden und seinen Willen in dieser Welt zu verwirklichen suchen. Aber wahrscheinlich sieht ein jüdischer Bibelausleger dies doch noch einmal anders.

II (Landesrabbiner William Wolff)

Zuallererst möchte ich mich mit ganzem Herzen bei Bischof Abromeit bedanken für die Einladung, mit ihm heute an diesem Gottesdienst teilzunehmen. Ich empfinde es als eine tiefe Ehre und großes Privileg, auf dieser Kanzel und in diesem wunderschönen Dom mit seiner reichen, bewegenden Geschichte gemeinsam amtieren und von dieser Kanzel sprechen zu dürfen. Und dafür bin ich tief dankbar.

Es ist auch ein weiterer Beweis dafür, wie grundsätzlich sich die Beziehungen zwischen Kirche und Judentum in den letzten fünf Jahrzehnten geändert haben – im Zeitalter der Jets, der Düsenflugzeuge, hat sich das mit beinahe düsenartiger Geschwindigkeit vollzogen, auf jeden Fall vorbildlich flinker, als ein gewisser Nobelpreisträger es vermochte. Und dafür möchte ich auch meine Anerkennung und meine Dankbarkeit aussprechen.

Bischof Abromeit sprach von der Schuld der Kirche für das Traurige und das Tragische in unserer gemeinsamen Vergangenheit. Es liegt mir sehr am Herzen klarzumachen, dass dies keineswegs eine persönliche Schuld von irgendeinem heute lebenden und bekennenden Christen bedeutet. Persönliche Verantwortung ist ein Hauptprinzip des Judentums, wie auch des Christentums, und ist ein Grundbestand unserer ganzen Beziehung zu Gott. Es ist das Grundprinzip der Herbstfeiertage, die nächsten Monat wieder im Judentum stattfinden. Wie es im fünften Buch Mose steht (24,16): *»ein jeder soll für seine eigene Sünde sterben«* – nur für seine eigene, nicht für die der Väter oder der Kinder. Was die heutige Kirche, die heutigen Christen, und die große Mehrzahl der heutigen Deutschen vollbracht haben, ist, Verantwortung zu übernehmen für die Konsequenz von Geschehen, in denen sie keinen persönlichen Anteil hatten, denn die Älteren unter uns waren noch zu jung und die Jüngeren noch nicht auf dieser Welt. Und Verantwortung zu übernehmen für Taten und Geschehen, an denen wir keinen Anteil haben konnten, ist moralische Größe. Und dafür möchte ich heute auch meine Anerkennung und meine Dankbarkeit aussprechen.

In der Geschichte von Judentum und Christentum können wir nicht nur auf Trauer und Tragödie zurückblicken, aber jeder von uns auf viel Erfahrung, menschliche Erfahrung, und theologische Einsichten, ein kolossaler Reichtum in beiden Fällen. Und was dieses freie, offene Kapitel in unserer Beziehung, das wir nun angefangen haben, uns ermöglicht, ist, dass wir in einem Dialog, der offener ist als je zuvor, Vergleiche ziehen können, Einsichten austauschen können und damit das Verstehen unserer eigenen Lehren und Traditionen vertiefen und bereichern. Und wenn ich von einer Offenheit rede, dann kann ich Ihnen nur sagen, mit wie viel Freude ich die Offenheit, die Bischof Abromeit mir in unseren Beziehungen erlaubt und beweist, entgegennehme. Wie schön ist es, von meinem Schweriner Schreibtisch im bischöflichen Amt in Greifswald anzurufen und frech und fröhlich zu fragen: »Na, wo ist er denn?« Und dann immer mit ungeheurer Freundlichkeit und Hilfsbereitschaft behandelt zu werden.

Und wenn wir Vergleiche ziehen zwischen unseren verschiedenen Erkenntnissen und unserer verschiedenen Denkensart, dann sind diese immer bereichernd und vertiefend. Und sie bedeuten im Prinzip nicht, dass eine besser oder wahrer ist als die andere. Bischof Abromeit sprach soeben von der Konkurrenz um die Wahrheit. Ich danke Gott, dass diese Konkurrenz der ersten zwei Jahrtausende unserer parallelen Entwicklung nun zu Ende ist. Denn wir verstehen heute beide, dass die Wahrheit, ganz besonders die göttliche Wahrheit, ihre vielen Facetten hat. Und in der Verschiedenheit dieser Facetten sehen wir auch den ungeheuren Glanz der göttlichen Schöpfung.

Das Oberhaupt einer anderen Kirche pflegte immer die Juden als die älteren Geschwister zu bezeichnen. Das war sehr lieb und sehr anschaulich und war auch von viel Wahrheit geprägt. In der deutsch-jüdischen Familie, aus der ich stamme, war ich aber ein jüngerer Bruder. Ich denke ständig an meine nun leider schon lange verstorbene ältere Schwester und immer mit viel Liebe und viel Dankbarkeit, besonders für ihre ständige Fürsorge für ihre jüngeren Brüder. Aber ich bin mir auch bewusst, dass ältere Geschwister nicht immer Recht haben, und jeder, der hier heute Morgen eine jüngere Schwester oder ein jüngerer Bruder war, wird diese Meinung wahrscheinlich teilen.

In diesem Sinne möchte ich auf zwei Unterschiede in der jüdischen und christlichen Betrachtung unserer gemeinsamen Propheten und ihrer Botschaft hinweisen. Im Judentum haben Propheten nicht die große Bedeutung, die sie im Christentum haben. Sie gelten eher als Prediger, beinahe nur als Prediger, und viel weniger, wenn überhaupt, als Zukunftsverheißer oder Erklärer. Sie waren dennoch Prediger, die sich einer engeren Beziehung zu Gott erfreuten als ihre Mitmenschen und als wir, die heute auf Kanzeln stehen, es uns anmaßen können. Darüber ist noch viel zu sagen, sind ganze Bände schon geschrieben und müssten noch geschrieben werden, aber nicht heute früh. Zweitens hatte das Judentum – und hat es bis heute noch – nicht viele Symbole und betrachtete Texte nicht in symbolischem Sinne, aber gebunden an ihren Sitz im Leben, gebunden an eine bestimmte historische Lage. Und das ist eine der verschiedenen Facetten der Wahrheit, von der ich sprach, nicht mehr und nicht weniger als nur eine Facette.

Wie Bischof Abromeit uns schon sagte, lebte dieser Prediger, der sich auch Jesaja nannte, in Jerusalem, zu einer Zeit, wo die Strenge des Babylonischen Exils aufgehört hatte, aber der zweite Tempel noch nicht neu aufgebaut war. Wo die Herrschaft Babylons noch stark und oftmals schmerzhaft in diesem Teil Israels, Palästinas zu spüren war.

Und eine Funktion, welche Prediger damals hatten und bis auf den heutigen Tag noch haben, ist, ihren Zuhörern Hoffnung zu geben, die Gabe der Hoffnung, die als Gottesgeschenk ein jeder von uns in sich verkapselt, aber die oftmals nur in uns schlummert, diese Hoffnung neu in uns zu beleben.

Ein sehr geschätzter und nun schon leider verstorbener Kollege von mir, der aus der Slowakei stammte und schon mit 14 Jahren nach Auschwitz verschleppt wurde – aber überlebte –, erzählte in späteren Jahren, wie er sah, dass sein Vater, der mit ihm im Lager war, seine kärgliche Margarine-Ration am ersten Abend des Chanukah-Festes auflöste und damit das erste Licht dieses Festes anzündete. »Wie kommst du dazu? Wir sind ja sowieso schon dicht am Verhungern!«, rügte er seinen Vater. Worauf der Vater erwiderte: »Du und ich haben schon einmal beinahe eine ganze Woche ohne eine Kruste Brot überstanden. Wir haben es auch schon drei Tage ohne Wasser ausgehalten. Aber niemand kann auch nur drei Minuten ohne Hoffnung leben.«

Und das war es, was der Prediger, der sich Jesaja nannte, zu der Zeit für seine noch immer unter Diskriminierung und vielleicht auch Verfolgung leidenden Mitmenschen tat, ihnen neue Hoffnung zu geben in einer bildlichen Sprache, die Goethe und Shakespeare nur beneiden konnten und die bis heute ihre Macht nicht verloren hat.

Das war die große Errungenschaft der alttestamentarischen Propheten, dass sie nicht nur mahnten und nicht nur lehrten, aber dass sie für ihre Mitmenschen diese kostbare Gabe der Hoffnung neu belebten.

Seine Zuhörer hatten diese Hoffnung vor zweieinhalbtausend Jahren so dringend nötig wie wir heute. Und meine ganz persönliche Hoffnung an diesem Israel-Sonntag ist es, dass es der evangelischen Kirche hier in Vorpommern, unter der Leitung von unserem Bischof Abromeit, gelingen wird, dem christlich-religiösen Leben hier in Vorpommern neuen Glanz und neue Blüte zu verleihen. Denn in diesem von der Wissenschaft und der Technologie moralisch und geistlich so überforderten Zeitalter haben wir eine feste, ständige Beziehung zu Gott so nötig, wie der Sand in der palästinensischen Wüste Jesajas das Wasser benötigte. Denn nur diese Gott-Erkenntnis kann uns mit unserem Schicksal versöhnen, nur diese enge Beziehung zu Gott verleiht unseren Seelen Ruhe und Frieden, bringt ihnen Schalom.

III (Bischof Dr. Hans-Jürgen Abromeit)

»Siehe, dein Heil kommt!« (V. 11) – Juden wie Christen teilen die Überzeugung: Diese Welt, so wie sie ist, entspricht nicht dem Willen Gottes. Gott hat aber zugesagt: Er wird diese Welt heil machen. Gemeinsam glauben wir: Gott fängt heute schon damit an, indem er uns benutzt. Wir sollen durch Wort und Tat heilen und versöhnen.

Als Christen glauben wir: Wirklich heil wird diese Welt erst, wenn Christus kommt, um das Böse zu richten und zu vernichten. Auf ihre Weise strecken sich freilich auch Juden danach aus, dass das Gottes Reich kommen möge. Lasst uns so, gemeinsam nach der Wahrheit suchend, Gott entgegengehen.

Lastenträger[1]

Galater 5,25–6,10 (ohne V. 6)

5,25 Wenn wir im Geist leben, so lasst uns auch im Geist wandeln. 26 Lasst uns nicht nach eitler Ehre trachten, einander nicht herausfordern und beneiden. 6,1 Liebe Brüder, wenn ein Mensch etwa von einer Verfehlung ereilt wird, so helft ihm wieder zurecht mit sanftmütigem Geist, ihr, die ihr geistlich seid; und sieh auf dich selbst, dass du nicht auch versucht werdest. 2 Einer trage des andern Last, so werdet ihr das Gesetz Christi erfüllen. 3 Denn wenn jemand meint, er sei etwas, obwohl er doch nichts ist, der betrügt sich selbst. 4 Ein jeder aber prüfe sein eigenes Werk; und dann wird er seinen Ruhm bei sich selbst haben und nicht gegenüber einem andern. 5 Denn ein jeder wird seine eigene Last tragen. 7 Irret euch nicht! Gott lässt sich nicht spotten. Denn was der Mensch sät, das wird er ernten. 8 Wer auf sein Fleisch sät, der wird von dem Fleisch das Verderben ernten; wer aber auf den Geist sät, der wird von dem Geist das ewige Leben ernten. 9 Lasst uns aber Gutes tun und nicht müde werden; denn zu seiner Zeit werden wir auch ernten, wenn wir nicht nachlassen. 10 Darum, solange wir noch Zeit haben, lasst uns Gutes tun an jedermann, allermeist aber an des Glaubens Genossen.

»Ein jeder hat sein Päckchen zu tragen«, sagt eine Volksweisheit. Wir wissen, wie wahr diese Aussage ist. Es gibt kein menschliches Leben ohne Belastungen und Nöte. *»Einer trage des andern Last, so werdet ihr das Gesetz Christi erfüllen«* (Galater 6,2), sagt der Apostel Paulus und bringt damit das besondere Kennzeichen christlicher Ethik auf den Punkt. Der Wille Gottes mit uns Menschen kommt zum Zug, wenn wir bereit werden, die Lebenslast der anderen mit zu übernehmen. Wenn Menschen sich nicht mehr als Einzelkämpfer verstehen, sondern als mit dem Leben der anderen untrennbar Verflochtene, dann leben sie Gottes Willen, wie er durch Jesus Christus ein für alle Mal deutlich geworden ist.

»No man is an island – niemand ist eine Insel« gilt genauso wie die Wahrheit, dass jeder seinen eigenen Tod selber sterben muss. Paulus kennt bereits beide Wahrheiten und konfrontiert sie merkwürdigerweise in diesem kurzen Brief-

---

[1] Predigt im Berliner Dom am 24. September 2006 (15. Sonntag nach Trinitatis).

auszug miteinander: *»Einer trage des andern Last, so werdet ihr das Gesetz Christi erfüllen.«* *»Denn ein jeder wird seine eigene Last tragen.«* (Galater 6,2.5) Wie das? Sind denn beide Aussagen wahr? Das Grundgesetz der Diakonie vom gegenseitigen Lastentragen ebenso wie die einfache Sentenz, dass jeder seine eigene Last tragen muss?

Auf dem Hintergrund unseres Predigttextes möchte ich nun mit Ihnen einen Weg gehen vom einsamen Tragen der eigenen Last (1.) über die Last, die Christus trägt (2.), bis hin zum gemeinsamen Lastentragen heute (3.).

1. Vom einsamen Tragen der eigenen Last

Zuerst einmal scheint dies doch eine Allerweltsweisheit zu sein. Unsere tägliche Last, das Päckchen, das wir mit uns herumschleppen, kann uns keiner abnehmen. Der Volksmund meint es so: Die besondere Belastung, die wir zu tragen haben, wie die Charaktereigenschaft, etwa der Jähzorn oder auch die Langsamkeit oder die Trägheit, belasten unsere Beziehungen zu anderen. Wir können nicht heraus aus unserer Haut und müssen diese Last nun einfach bewältigen. Vielleicht ist es aber auch eine Eigenschaft, die wir aufgrund unserer persönlichen Geschichte erworben haben. Es kann der Verlust sein, der uns getroffen hat, das Aussehen, wofür wir ja auch zumindest zu einem Teil Verantwortung haben – wir können es nicht ablegen und müssen uns damit arrangieren. So sind wir nun einmal. Der eine mag es als Last, der andere als Chance empfinden. Aber aushalten müssen wir es mit uns allemal.

Nun komme ich aus dem Nordosten Deutschlands, da, wo am letzten Sonntag bei der Landtagswahl in Mecklenburg-Vorpommern die NPD 7,3 Prozent der abgegebenen Wählerstimmen gewonnen hat. Hier, im gesellschaftlichen Zusammenhang, gewinnt der Grundgedanke vom Tragen der eigenen Last noch einmal eine andere Bedeutung. Warum hat die NPD – zumal in dem Landesteil, in dem ich für die Pommersche Evangelische Kirche Verantwortung trage, also in Vorpommern – zweistellig im Wahlausgang abgeschnitten? Wieso haben sogar in manchen Städten, Dörfern und Regionen sehr viele die NPD gewählt? Es schreckt uns doch auf, wenn z. B. in Ueckermünde 35 Prozent für die NPD gestimmt haben. Wofür steht die NPD denn eigentlich? Schauen wir auf ihren Wahlkampf, dann ist da zuerst einmal viel Antithese, Anbiederung bei den Leuten, Getöse und Kraftmeierei. Das ist in der politischen Auseinandersetzung schlimm, aber noch schlimmer wird es, wenn wir den Grundgedanken aufdecken, für den die NPD steht. Sie will Deutschland herauslösen aus dem Verflochtensein in globale und internationale Zusammenhänge. Die NPD suggeriert: Wir können unsere Probleme lösen, wenn wir uns nur auf die guten Kräfte der Nation, der Rasse und des Blutes besinnen und nicht den Fehler machen, zu viel Mitleid mit den Asylbewerbern und den aus dem Ausland stammenden Mitbürgern unter uns zu haben.

Sie ist bestimmt von dem Grundirrtum, wir könnten auf biologische Art und Weise definieren, was deutsch ist. Vor nicht langer Zeit versuchten sie deswegen, ihrer Anhängerschaft klarzumachen, dass die Kirche und ein Bischof wie Abromeit prinzipiell kein Verständnis haben könnten für die Notwendigkeit von Rasse und Blut, weil die Kirche, seitdem es sie gibt, immer schon internationalistisch gedacht und die weltweite Gemeinschaft über die Volksgemeinschaft gestellt habe.

Ja, Christinnen und Christen betonen, seitdem es den christlichen Glauben gibt: Wir sind verflochten in eine weltweite Gemeinschaft, innerhalb derer wir weder den Einzelnen noch ein einzelnes Volk isolieren können. Menschen sind nicht ohne ihre Nachbarn zu verstehen. Das heißt für uns Deutsche: Ohne Polen und Franzosen, Türken und Libanesen und ohne die globale Gemeinschaft ist auch die Rolle Deutschlands nicht zu begreifen. Menschenwürde kommt jedem Menschen unabhängig von seiner nationalen Identität zu. Und der Dialog unter den Völkern und Kulturen ist ein Ausdruck unserer Verflechtung in dieser globalen Gemeinschaft.

Übrigens hat auch der Papst in seiner sehr bedenkenswerten Regensburger Rede zu diesem Dialog der Völker und Kulturen eingeladen und aufgefordert.[2] Lediglich ein missverständliches Zitat in diesem großartigen Vortrag hat dann – nun wieder in einer ganz anderen Richtung – ein weltweites Rumoren ausgelöst. Aber das gemeinsame Suchen nach einem Weg für unsere Weltgemeinschaft, der Dialog, ist Ausdruck des globalen Lastentragens. Dialog ist die einzige Alternative zur gewaltsamen Konfrontation, ja letztlich zum Krieg der Zivilisationen. Im Dialog werden die Gegensätze nicht nivelliert, sie werden ausgehalten, sie müssen »getragen« werden.

Allerdings wirft die vom Apostel Paulus zum Ausgangspunkt genommene Allerweltsweisheit noch ein ganz anderes Licht auf unsere Situation. Er sagt ja mit Nachdruck: Ein jeder wird seine eigene Last tragen. Und es ist ein großer Unterschied, ob ich in der Gegenwart rede, dann bringe ich eine Allerweltsweisheit zum Ausdruck, oder ob ich von der Zukunft rede. Dann ist deutlich: Paulus meint die Verantwortung vor Gott. Ihm haben wir eines Tages Rechenschaft zu geben, was wir mit unserem Leben, mit unseren Gaben und unseren Belastungen gemacht haben. Hier wird Paulus ganz leidenschaftlich: Irret euch nicht! Gott lässt sich nicht spotten. Denn was der Mensch sät, das wird er ernten. (V. 7) Gott kann man nicht austricksen. Er wird uns eines Tages messen an den Zielen, an denen wir unser Leben ausgerichtet haben.

---

[2] Diese Regensburger Rede – gehalten von Benedikt XVI. – war Teil der sogenannten Regensburger Vorlesungen der Universität Regensburg im Jahr 2005. Für die Rede siehe Benedikt XVI. (u. a.), Glaube und Vernunft. Die Regensburger Vorlesung, Freiburg i. Breisgau 2006, 11–32.

Paulus sagt: Diese Ziele lassen sich in zwei Kategorien einteilen. Die eine Kategorie heißt in seiner Sprache »Fleisch«, die andere »Geist«. Mit Fleisch bezeichnet Paulus Ziele, die der Mensch sich selbst gesetzt hat, Ziele, die aus seinem Willen gewachsen sind und sich alleine auf die Welt beziehen, in der er lebt. Mit »Geist« bezeichnet Paulus Ziele, die vernunftmäßig einleuchten, aber gleichzeitig mit dem geoffenbarten Willen Gottes übereinstimmen. Der Geist legt die Maßstäbe der Ewigkeit in die Zeit. Fleisch zielt auf die Befriedigung der menschlichen Triebe, auf die Durchsetzung des eigenen Willens und das Suchen nach dem eigenen Vorteil. Ziele des Geistes sind »*Liebe, Freude, Friede, Geduld, Freundlichkeit, Güte, Treue, Sanftmut, Selbstbeherrschung*« (vgl. Galater 5,22 f.).

Gott wird uns an dem Maßstab messen, ob wir uns lediglich von vergänglichen, aus vermeintlich menschlicher Klugheit gesetzten Zielen haben bestimmen lassen oder von den ewigen Zielen des Geistes Gottes. Vor Gott bestehen können wird nur der, der sich an den Zielen des Geistes orientiert und sein Leben von ihnen bestimmen lässt. Sie alle überwinden die Ausrichtung an den Wünschen des isolierten Einzelnen. Sie suchen das Miteinander in der Gemeinschaft. Deswegen ist auch die Liebe »*die größte unter ihnen*« (1. Korinther 13,13). In diesem Sinne redet Paulus davon, dass einmal, vor Gott, jeder seine eigene Last tragen wird. Hier kann uns keiner vertreten. Hier kann uns keiner unsere Last abnehmen – außer dem Einen, der die Last der ganzen Welt auf sich genommen hat.

2. Von der Last, die Christus trägt

Paulus redet von einem »Gesetz Christi«. Normalerweise denken wir im Zusammenhang mit Christus nicht an das Gesetz, sondern an das Evangelium, an die »Gute Botschaft«, nicht an die Forderung des Gesetzes. Es geht auch nicht um das strafende oder drohende Gesetz, gar nicht um das Gesetz als Forderung oder Anspruch, an dem ich zerbrechen kann, sondern um das Geheimnis der Menschwerdung Gottes in Jesus Christus und seine Art und Weise des Lastentragens.

Es ist nämlich nicht wahr, dass wir unser Päckchen alleine tragen müssen. Christus ist uns zum Lastenträger geworden. Das, was uns das Leben schwer macht, müssen wir nicht alleine aushalten. Gott hat in Jesus Christus menschliche Gestalt, auch die Gestalt menschlicher Not und menschlichen Fleisches angenommen, tritt an unsere Seite und spricht uns zu: »Lass es uns gemeinsam tun! Ich begleite dich durch dein Leben. Wenn du an mich glaubst, bin ich an deiner Seite und du bist nie mehr alleine!« So, wie Gott sich in Jesus Christus nicht von dem Leid dieser Welt distanziert hat, sondern es mit den Leidtragenden gemeinsam trägt, so sind auch wir angehalten, das Leid der anderen bewusst für uns zu übernehmen und es auszuhalten. Es ist nicht möglich, sich nur seine

Lasten von Christus tragen zu lassen, aber darüber nicht selber zum Lastenträger zu werden.

Darauf hat schon Martin Luther in seiner großen Galaterbrief-Vorlesung von 1519 hingewiesen: »Die fleischliche Art oder die selbstsüchtige Liebe trachtet danach, dass andere ihr wohlgesinnt sind, ihr das wünschen, was sie begehrt; d. h., sie ›sucht das Ihre‹, und ihre ›Materie‹ ist der gerechte Mensch, der heilige, fromme, gute und dergleichen. Solche Leute verkehren die hier vorgetragene Lehre völlig ins Gegenteil, sie wollen ja nur, dass man ihre eigenen Lasten trägt, und wollen von anderen allein die Vorzüge genießen und mitbenützen. Denn mit Ungebildeten, Unnützen, Jähzornigen, Unbrauchbaren, Schwerzubehandelnden, Launischen verschmähen sie Lebensgemeinschaft zu haben; die gebildeten, angenehmen, wohlwollenden, stillen und heiligen Menschen dagegen suchen sie auf. D. h., sie wollen nicht auf der Erde, sondern im Paradies, nicht unter Sündern, sondern unter Engeln, nicht in der Welt, sondern im Himmel leben.«[3]

Ja, Christus hat sich den Ungebildeten, Unnützen, Jähzornigen, Unbrauchbaren, schwer zu Behandelnden und Launischen nicht entzogen. Auch wir sollten deswegen der Gemeinschaft mit diesen Problemfällen unserer Gesellschaft nicht ausweichen. Heißt das deswegen, auch das Gespräch mit den NPD-Wählern zu suchen, gerade weil wir zutiefst nicht verstehen, warum sie sich haben hinreißen lassen, dieser menschenverachtenden Partei ihre Stimme zu geben?

Ich weiß, dass hier viele Bedenken aufbrechen. Werten wir dadurch die Wählerschaft der NPD nicht auf? Kommen wir dadurch nicht in Berührung auch mit dem Landtagsabgeordneten der NPD? Begeben wir uns damit nicht in eine Zone des Zwielichtes? Aber abgesehen davon, dass Jesus Christus sich eben auch in diese Zone der Sünde und des Zwielichtes hineinbegeben hat, als er Mensch geworden ist, können wir die Menschen in unseren Nachbarschaften nicht sich selbst überlassen.

Die Last, die zu übernehmen uns der Apostel auffordert, ist ja auch – im Zusammenhang des Galaterbriefes verstanden (vgl. V. 1) – eine Verfehlung. Freilich sollen diejenigen, die diese Verfehlung begangen haben, mit »sanftmütigem Geist« wieder auf dem richtigen Weg zu Recht gebracht werden. Aber wir werden in unserer Gesellschaft nicht als Christen leben und wirken können, wenn wir nicht auch zur Schuldübernahme bereit sind. So hat Dietrich Bonhoeffer betont: »Eine Liebe, die den Menschen in seiner Schuld allein ließe, hätte nicht den wirklichen Menschen zum Gegenstand.«[4] Wer in dieser Welt mit ihren konkreten Menschen lebt, kann nicht so tun, als ob er sich von der Schuld und der Sünde dieser Menschen fernhalten könnte. Gerade, wer sich auch selber kennt,

---

[3] Zitiert nach: Martin Luther, Kommentar zum Galaterbrief 1519 (Calwer-Luther-Ausgabe Bd. 10), Stuttgart 1996, 273.

[4] Dietrich Bonhoeffer, Ethik, hrsg. von Ilse Tödt, Heinz Eduard Tödt, Ernst Feil und Clifford Green (DBW 6), München 1992, 275.

weiß, dass er sich nicht von der Last der Sünde distanzieren kann. Wir können dies tun, weil Christus diese Last getragen hat.

3. Vom gemeinsamen Lastentragen heute

In einer Gesellschaft der isolierten Einzelnen bringt die christliche Kirche einen neuen Geist der Gemeinschaft. Nächstenliebe ist der Ausdruck christlichen Verhaltens. *»Einer trage des andern Last, so werdet ihr das Gesetz Christi erfüllen.«* Dieses Lastentragen beginnt in der eigenen Familie, dass ich die alt gewordene Mutter besuche oder, in der Zeit der elektronischen Medien eine besondere Kostbarkeit: ihr schreibe. Vielleicht ist es auch an der Zeit, mit dem alten Herrn in der Nachbarschaft endlich einmal ein Gespräch zu führen, damit er nicht einsam ist und ich verstehe, was ihn umtreibt.

»Einer trage des andern Last« – das kann persönlich wie lokal, global oder national geschehen. Der Erfindung von Solidargemeinschaften ist keine Grenze gesetzt. Richtig ist jedenfalls: Wir werden keins der uns heute bedrückenden Probleme in der Isolierung von anderen lösen können. Nur indem wir die die Gesellschaft tragenden Gemeinschaften stärken, kommen wir voran.

In den sich entvölkernden ländlichen Gebieten Vorpommerns merken wir: Wir brauchen diesen Geist der Gemeinschaft, der Nächstenliebe und des Lastentragens. Wenn z. B. im heute bereits dünnst besiedelten Uecker-Randow-Kreis bis zum Jahre 2020 die Bevölkerung um ein weiteres Drittel schrumpft, dann ist wirklich die Frage, wer ist dann noch da, der Gemeinschaft gestaltet? Schon jetzt gibt es – in der Regel aus Kostengründen – kaum noch Angebote von Jugendarbeit. Wenn sich jetzt noch die Kirche zurückzieht, dann haben die rechtsradikalen Kameradschaften das Feld für sich.

Aber für die Großstadt wie Berlin gilt in gleicher Weise: Wer nimmt überhaupt noch wahr, was in der Nachbarschaft vorgeht? Immer wieder schrecken uns Fälle, in denen jemand verstorben ist und wochen- oder monatelang tot in seiner Wohnung liegt, bis jemand diesen Verlust bemerkt. Ob in der Stadt oder auf dem Lande, es gibt reichlich Gelegenheit, »Gutes zu tun an jedermann«.

Doch warum fährt der Apostel fort »allermeist aber an des Glaubens Genossen«? Ist es nicht notwendig, gerade den anderen gegenüber, denjenigen, die nicht zur christlichen Kirche gehören, Nächstenliebe zu erweisen und sich im Lastenübernehmen zu erproben, um jedem Verdacht der Selbstverliebtheit der christlichen Kirche zu wehren?

Nun gut, der Apostel fordert uns ja auf, an jedermann Gutes zu tun. Er nennt aber die Mitchristen deswegen besonders, damit die christliche Gemeinde als eine Gegengesellschaft zu der in lauter atomisierte Subjekte zerfallenden Gesellschaft erscheint. Der intime Zusammenhalt, der die kleinen urchristlichen Gemeinden prägte, ist uns nach Jahrhunderten der Massengemeinden in der

Volkskirche verloren gegangen. Wir sollten deswegen die Aufforderung, die Liebe in der christlichen Gemeinde besonders zu praktizieren, nicht verächtlich machen. Wenn wir mit denjenigen, die in der Kirchenbank neben uns sitzen, beginnen, dann kann die Tat der Nächstenliebe und das Lastentragen Kreise in die ganze Gesellschaft ziehen.

Ja, es ist wahr, jeder hat sein Päckchen zu tragen. Aber wenn die Liebe Christi in unsere Gesellschaft überfließt und wir uns gegenseitig Anteil geben am Tragen unserer einzelnen Päckchen, dann könnte die ganze Gesellschaft so etwas werden wie ein UPS, eine andere Art von »United Parcel Service«. Wenn ich die Last der anderen als meine eigene Last auffasse und mir der andere an meiner Last zu tragen hilft, so wird sich im wechselseitigen Austausch unserer Lasten das Gesetz Christi erfüllen.

»Einer trage des andern Last«[1]

Galater 6,1–4

1 Brüder und Schwestern, nun kann es vorkommen, dass sich jemand zu einer Verfehlung hinreißen lässt. Dann sollt ihr, die ihr ja vom Geist geleitet werdet, ihn zurechtweisen. Tut dies mit der Freundlichkeit, die der Geist schenkt. Dabei muss jeder für sich selbst darauf achten, dass er nicht auch auf die Probe gestellt wird. 2 Helft einander, die Lasten zu tragen. So erfüllt ihr das Gesetz, das Christus gegeben hat. 3 Wenn allerdings jemand meint, er sei etwas Besonderes, dann macht er sich etwas vor. Denn das ist er keineswegs. 4 Vielmehr sollte jeder das eigene Tun überprüfen. Dann hat er etwas, worauf er stolz sein kann, und muss sich nicht mit anderen vergleichen.

Im Volksmund sagen wir manchmal: »Jeder hat sein Päckchen zu tragen.« Und das ist wahr. Es gibt kein menschliches Leben ohne Nöte und Belastungen. Aber der Apostel Paulus lädt uns ein, damit anders umzugehen, nicht die eigene Last einsam zu tragen, sondern sich gegenseitig zu helfen, die Lasten zu tragen. In der von Jesus Christus bestimmten Gemeinde soll ein anderes Grundgesetz gelten: »*Einer trage des anderen Last, so werdet ihr das Gesetz Christi erfüllen*« (Galater 6,2). In der christlichen Gemeinde soll es nicht lauter Einzelkämpfer geben, sondern Menschen, die sich als mit dem Leben der anderen verflochten, auf die anderen bezogen und ohne sie unvollkommen verstehen. Erst wenn wir uns auf diese ungewöhnliche Lebensweise einlassen, leben wir nach dem Willen Gottes, wie er durch Jesus Christus ein für alle Mal deutlich geworden ist. Im freiwilligen Übernehmen der Last der Anderen begegnet uns ein anderer Geist. Jesus selbst hat aus diesem Geist gelebt und möchte ihn an uns weitergeben.

Schon in der Frühzeit des Christentums, noch am Ende des ersten Jahrhunderts, ist aus noch älteren Vorstufen eine Schrift entstanden, die mit dem Selbstbewusstsein auftrat, die Lehre der zwölf Apostel zusammenzufassen. Diese Schrift unterscheidet grundsätzlich zwischen einem Weg des Todes und einem

---

[1] Predigt im Gottesdienst nach dem »Marsch für das Leben 2018« in Berlin am 22. September 2018.

Weg des Lebens. Wir würden heute wohl eher von einer »Kultur des Todes« und einer »Kultur des Lebens« sprechen. In dieser Schrift, wir nennen sie Didache (Lehre), heißt es unmissverständlich in Kapitel 2 Vers 2: »Du sollst nicht das Kind durch Abtreiben umbringen und das Neugeborene nicht töten.« Das war in der Antike eine übliche Form der Geburtenregelung. Kinder, die man nicht wollte, wurden nach der Geburt getötet oder ausgesetzt. Oder: Sie wurden im Mutterleib abgetrieben. Da sagt die 12-Apostel-Lehre: »Das geht nicht! Dieses Kind hat Gott geschaffen. Sein Leben ist heilig.« Das Töten des Lebens, ausdrücklich auch des ungeborenen Lebens, gehört zur Kultur des Todes. Als Summe der Verkündigung Jesu und der frühen Kirche stellt die Didache dagegen, eine Kultur des Lebens aufzubauen.

Eine solche Kultur des Todes kann nur mit einem neuen Zusammengehörigkeitsgefühl überwunden werden: »Wir lassen dich nicht allein!« *»Einer trage des andern Last.«* An die Stelle dieser Kultur des Todes kann eine Kultur des Lebens gestellt werden.

Eine 15-jährige regelmäßige Besucherin eines Jugendgottesdienstes, sie war selbst noch Schülerin und stand noch drei Jahre vor dem Abitur, wird schwanger. Der 17-jährige Vater des Kindes will mit Mutter und dem gemeinsamen Kind nichts zu tun haben und setzt sich ab. Da steht die junge Mutter allein da. »Ist mein Leben jetzt versaut?«, fragt sie sich. Viele raten zur Abtreibung. Aber die eigene Mutter der schwangeren 15-Jährigen bietet ihrer Tochter Hilfe an. Sie ist auch alleinerziehend und berufstätig, aber sie hilft ihrer Tochter in allem, obwohl es sie viel Zeit und Kraft kostet. Die Tochter setzt ein Jahr in der Schule aus und kümmert sich, unterstützt von ihrer Mutter, rührend um ihr Kind. Im Umfeld der Kirchengemeinde finden sie eine Frau, die bereit ist, als Tagesmutter sich tagein, tagaus um das Kleinkind zu kümmern, damit die Mutter ihre Schule abschließen und das Abitur machen kann. Das bedeutet für diese Familie, bei der der Kleine von morgens 7 Uhr bis nachmittags 16 Uhr ist, manche Einschränkung. Die finanziellen Hilfen, die das Jugendamt vermittelt, helfen, diese Last etwas besser zu tragen. Aber alle tragen ihren Teil gern dazu bei, damit das Baby leben kann.

Müssen wir also unser Päckchen alleine tragen? Gerade die ungewollte Schwangerschaft ist eine Nagelprobe auf die Solidarität einer Gesellschaft. Uns allen wächst eine Kraft zu, wenn wir auf das »Gesetz Christi« schauen, von dem der Apostel Paulus redet. Was ist »das Gesetz, das Christus gegeben hat« (Basisbibel)? Es ist nichts anderes als das Liebesgebot, das Jesus immer wieder als das grundlegende Gebot bezeichnet hat und von dem auch der Apostel Paulus redet: *»Liebe deinen Nächsten wie dich selbst!«*[2]

Jesus lebte ganz aus dieser Liebe, wenn er sich den Ausgegrenzten aus der Gesellschaft seiner Zeit zuwandte: den mit den Römern kollaborierenden Zöll-

---

[2]   Vgl. 3. Mose 19,18; Markus 12,28–34par.; Römer 13,8–10; Galater 5,14.

nern, die als andersgläubig verschrienen Samariter oder manchen halbseidenen Frauen. Mit dieser Liebe begegnete Jesus auch der Frau, die im Ehebruch ergriffen worden war und nach den Gesetzen der Zeit durch Steinigung hingerichtet werden sollte. Er schickte ihre Ankläger fort, verurteilte die Frau nicht, gab ihr aber ein »Sündige hinfort nicht mehr« mit auf den Weg (vgl. Johannes 8,1–11). In dieser Liebe begegnete Jesus auch den Kindern, die die Mütter zu ihm brachten, damit er sie segnete. Die Jünger wollten die Mütter samt Kindern wegschicken, weil der Meister doch Wichtigeres zu tun hätte, als sich um Frauen und Kinder zu kümmern. Jesus zeigte Müttern und Kindern Wertschätzung, denn Kinder gehören genauso zum Reich Gottes wie Erwachsene. Aus dieser Liebe war er auch bereit, das Kreuz und das Leid auf sich zu nehmen, um Versöhnung für die Sünden einer ganzen Menschheit zu ermöglichen. Täglich können wir seine Liebe erfahren, wenn wir, wie wir es in der christlichen Gemeinde sagen, »an ihn glauben«. Das ist nichts anderes, als in einer geistlichen Gemeinschaft mit Jesus zu leben. Mit dem Jesus, der uns Gottes Angesicht so menschlich gezeigt hat.

Liebe Für-das-Leben-Gemeinde, ich bin gefragt worden, warum ich heute hier predige. Ich tue das, weil ich gern die »Für-das-Leben-Bewegung« unterstütze. Und das ist notwendig. Im letzten Jahr gab es in Deutschland etwas mehr als hunderttausend Schwangerschaftsabbrüche. Zum ersten Mal seit 2012 ist damit die Zahl der Abtreibungen von einem Jahr aufs andere wieder gestiegen, und zwar um 2,5 Prozent. Hunderttausend Schwangerschaftsabbrüche kommen in Deutschland auf knapp achthunderttausend Geburten. Auch wenn es sein kann, dass dieses Jahr die Zahl der Schwangerschaftsabbrüche wieder etwas zurückgeht, ist die Zahl der Abtreibungen bei uns dauernd sehr hoch.[3]

»Für das Leben«, das bedeutet auch: Keiner will einer jungen Frau ihr Leben kaputtmachen. Es geht überhaupt nicht um irgendeine Art von Zwang. Das deutsche Recht setzt ganz darauf, dass Frauen und natürlich auch Männer (denn ohne einen Mann gäbe es das Kind nicht) ihre Verantwortung für das heranwachsende Leben freiwillig wahrnehmen. Es ist auch richtig, auf die Freiwilligkeit, auf die Bejahung des von Gott geschenkten Lebens zu setzen. Ohne die Frauen geht es nicht. Nur wenn die schwangeren Frauen ermutigt und gestärkt werden, nur wenn ihnen geholfen wird, werden die Kinder in ihnen und durch sie leben. Deswegen: *»Einer trage des andern Last.«*

Es wäre schon viel gewonnen, wenn die Männer anfingen, die Lasten der Frauen mitzutragen. Wenn die Eltern der Eltern die Last ihrer Kinder oder auch ihrer Enkel zu ihrer eigenen Last machen würden, fände manche junge Frau den Mut, ihr Kind zu behalten. Vielleicht können auch die Nachbarn der überforderten Kleinfamilie zur Seite treten. Und auch die Gesellschaft und der Staat sollten die jungen Mütter und Väter nicht allein lassen. Wir brauchen noch ganz

---

[3]   Die genaue Zahl der Geburten im Jahr 2017 lag bei 785.000. Auf acht geborene Kinder kommt also ein abgetriebenes Kind.

andere Unterstützungssysteme. In vielen Kirchengemeinden zum Beispiel finden sich schon jetzt ehrenamtliche Helferinnen und Helfer. Wenn die hohe Zahl von Abtreibungen kleiner werden soll, dann müssen wir alle unsere Verantwortung an den Müttern, den Kindern und den jungen Familien viel intensiver wahrnehmen. Ja, wir brauchen familienfreundliche Arbeitsplätze. Chefs und Arbeitgeber müssen Verständnis für die besondere Last Alleinerziehender aufbringen. Was vor allen Dingen nicht passieren darf, was aber immer wieder passiert, ist, dass am Ende die Frauen alleine dastehen mit ihrem Kind.

Ich verstehe, dass sich viele Frauen allein gelassen fühlen in einer Situation, in die sie nicht allein gekommen sind. Ich verstehe auch noch, dass manche Frauen Wut auf die Kirche haben, wenn sie bisher die Kirche in Fragen der Sexualethik als heuchlerisch empfunden haben. Was ich aber nicht verstehe, ist, dass junge Frauen jubeln und grölen, wie nach dem Gewinn einer Fußballweltmeisterschaft, wenn der gesetzliche Schutz des ungeborenen Lebens wegfällt, wie wir es im Mai in Irland erlebt haben.

Ja, es ist viel falsch gelaufen, vor allen Dingen dann, wenn das Reden der Kirche heuchlerisch erschien. Wir haben uns als Christen und als Kirchen in den vergangenen Jahren, Jahrzehnten und Jahrhunderten oft mit dem Mund für das Leben eingesetzt, aber nicht mit der Tat. Wir müssen selbstkritisch sagen, wir waren vielleicht häufiger die Vertreter einer bürgerlichen Moral als die Träger der Last von schwangeren Frauen, ledigen Müttern und jungen Familien.

Aber deswegen bleibt doch das Leben von ungeborenen Kindern ein Leben, das Gott geschenkt hat. Jedes Leben, das Gott geschaffen hat, ist heilig. Dieses Leben hat in unserer Gesellschaft, hat in Europa keine Stimme. Die ungeborenen Kinder können nicht für ihr Leben eintreten. Darum ist es so wichtig, dass wir diese Last schultern.

»*Einer trage des andern Last.*« Meine Last wird von anderen mitgetragen. Machen wir uns nichts vor, auch die Schwangeren tragen meine Last mit. Ganz naheliegend gilt das etwa im Blick auf die Frage, wer in unsere Rentenkassen einzahlt, und auf den Generationenvertrag. Doch noch mehr: Jedes geborene Kind ist ein Zeichen der Hoffnung in manchmal hoffnungslosen Zeiten. Deswegen wollen wir die Last, die es auch manchmal bedeuten kann, angesichts vieler Anfeindungen für das Leben einzutreten, gerne tragen, denn nur so erfüllen wir das Liebesgebot Jesu. Wir möchten die Liebe, die wir durch Jesus Christus erfahren haben, allen weitergeben, die diese Liebe brauchen. Die ungeborenen und die geborenen Kinder und ihre Mütter brauchen sie an erster Stelle.

Auftrag

»Alle Tage!«[1]
Matthäus 28,16–20

16 Aber die elf Jünger gingen nach Galiläa auf den Berg, wohin Jesus sie beschieden hatte. 17 Und als sie ihn sahen, fielen sie vor ihm nieder; einige aber zweifelten. 18 Und Jesus trat herzu und sprach zu ihnen: Mir ist gegeben alle Gewalt im Himmel und auf Erden. 19 Darum gehet hin und machet zu Jüngern alle Völker: »Taufet sie auf den Namen des Vaters und des Sohnes und des Heiligen Geistes 20 und lehret sie halten alles, was ich euch befohlen habe. Und siehe, ich bin bei euch alle Tage bis an der Welt Ende.«

»Pommernland ist abgebrannt«, rief mir jemand am Montag nach meiner Wahl zum Bischof nach. Das hieß auch: »Du wirst in ein Land gehen, das es gar nicht mehr gibt, in eine Region ohne eigene Identität. Bedenke die randständige Lage und die kleine Kraft. Wird sich dein Einsatz lohnen?« Mir scheint, die Pommern sind solche Sprüche gewohnt. Aber sie lassen sich's nicht verdrießen und erledigen ihre Arbeit. Anscheinend tun sie das nicht schlecht. Wie wäre sonst zu erklären, dass die Pommersche Evangelische Kirche die einzige der evangelischen Landeskirchen in Deutschland ist, die nach Ausweis der letzten EKD-Statistik mehr Eintritte als Austritte zu verzeichnen hatte?

Auch Galiläa lag damals am Rand, dort, wo Heiden wohnten. Erstaunlicherweise hatte Jesus vor allem dort gepredigt und geheilt und nicht in den Metropolen Jerusalem und Cäsarea. Aber Gott ist immer für eine Überraschung gut. Gottes neues Handeln beginnt nicht in den Metropolen, es beginnt am Rand. Ein Jünger geht dahin, wohin ihn sein Herr bestellt. Darum gingen die Jünger nach Galiläa. Sie wussten nicht, was sie dort erwartete. Würde jetzt das alte Leben weitergehen?

Da ist er plötzlich da. Die Jünger sind nicht mehr unter sich. Er ist mitten unter ihnen. Jetzt ist wirklich Kirche da. Die Kirche ist die lebendige Gegenwart Jesu Christi unter seinen Leuten. Ohne ihn wäre das ein arbeitswilliger oder ein

---

[1] Predigt im Gottesdienst anlässlich der Einführung als Bischof der Pommerschen Evangelischen Kirche im Dom St. Nikolai zu Greifswald am 16. September 2001.

müder Haufen, je nachdem. Erst durch die Anwesenheit Jesu bekommt die Kirche ihre Gestalt. Die Kirche, das ist Jesus »Christus als Gemeinde existierend«[2], wie Dietrich Bonhoeffer sagt. »Das Leben Jesu Christi ist auf dieser Erde noch nicht zu Ende gebracht. Christus lebt es weiter in dem Leben seiner Nachfolger.«[3]

Liebe Pommersche Evangelische Kirche, nicht der Vergleich mit deiner ehemaligen Größe und Bedeutung macht dich zur Kirche Jesu Christi, sondern einzig und allein die Tatsache, ob der lebendige Christus unter uns lebt oder nicht. Ohne Christus ist die Kirche nur die Summe ihrer Mitglieder. Damit wäre sie in Vorpommern nach dem Staat zwar die mit Abstand größte Organisation, insgesamt aber nur ein kleines Licht. Ihre wahre Bedeutung und Kraft hängt daran, ob der Zeiten und Räume überschreitende und verbindende Christus, der Auferstandene, in ihr lebt.

Entscheidend ist Christus. Doch die Jünger, die Kirche können ihn nicht herzaubern. Seine Anwesenheit ist nicht magisch. Unverfügbar stellt er sich ein bei denen, die auf seine Anordnung, seine Einladung und in seinem Namen zusammengekommen sind. Er tut dies nun schon seit zweitausend Jahren auf dem ganzen Erdball, in unterschiedlichen Kulturen und in verschiedenen geografischen Räumen. Ein Zeichen für die Anwesenheit Christi in seiner Kirche ist, dass die Kirche nun eben seit zwei Jahrtausenden besteht und nicht unterzukriegen ist, auch wenn sie in ihrer Geschichte Höhen und Tiefen erlebt hat. In den letzten Wochen habe ich mir schon manche Geschichte erzählen lassen, wie es der Kirche und wie es den Christinnen und Christen hier in Vorpommern in der Zeit der DDR gegangen ist. Es bewegt mich, dass trotz vieler Benachteiligungen, trotz einer Politik der Nadelstiche und einer Zurücksetzung im öffentlichen Leben die Kirche Jesu Christi auch in Pommern geblieben ist.

Gott steht zu seinen Leuten. Von seinen Jüngern aber heißt es: »*Sie aber zweifelten.*« Allerdings ist das Erscheinen Jesu nach Folter und Tod ja auch etwas Unglaubliches. Dass er nach Kreuzigung und Begräbnis von Gott auferweckt wurde, ist unerhört. Es liegt etwas Tröstliches darin, dass auch die Jünger Jesu zweifelten. Gott baut seine Kirche nicht mit Glaubenshelden, sondern mit gewöhnlichen Frauen und Männern.

Die Apostel hatten kein besonderes religiöses Organ, um Gott zu erfahren. Sie suchten lediglich die Nähe Jesu, um sein Wort zu vernehmen. Nichts, aber auch gar nichts, kann die Kirche organisieren, machen oder tun, um die Anwesenheit Jesu Christi herbeizuzwingen. Aber sie kann seine Stimme hören, sich dem Wort Jesu aussetzen, das eigene Leben mit Gottes Willen vergleichen, wie er zu uns aus der Bibel spricht.

---

[2] Dietrich Bonhoeffer, Eine dogmatische Untersuchung zur Soziologie der Kirche, hrsg. v. Joachim von Soosten (DBW 1), München 1986, 76, 87, 126 ff., 133 f., 139 u. ö.

[3] Dietrich Bonhoeffer, Nachfolge, hrsg. v. Martin Kuske und Ilse Tödt (DBW 4), München 1989, 303.

Ich möchte das heute auch denen unter uns sagen, die sich eher für solche Zweifler halten, wie es die ersten Jünger waren. Fangt doch einfach an, mit der unsichtbaren Macht dieses Jesus von Nazareth, den Gott von den Toten auferweckt und erhöht hat, zu rechnen. Es gibt eine Dimension im Leben, die wir nicht belegen oder berechnen können, die aber trotzdem real ist. Sie wirkt. Liebe können wir nicht beweisen, aber wir spüren, ob wir geliebt werden. Diese Dimension heißt Gott. Er ist da, er ist real, und er wirkt. Gott ist realer als alles das, was wir vermögen. Seine Macht ist unsichtbar, aber sie übersteigt alle menschlichen Möglichkeiten und Herrschaftsweisen. Das meint der Auferstandene, wenn er sagt: *»Mir ist alle Macht gegeben, im Himmel und auf Erden.«* Jesus Christus ist die Instanz, die alle menschlichen Autoritäten übersteigt.

Natürlich leiden wir unter der Unsichtbarkeit der Macht Christi. Aufgrund der Ereignisse von New York, Washington und Pittsburgh können zwei meiner besten Freunde, der Conference Minister (wir würden sagen Bischof) i. R. Dr. Frederick Trost aus Madison/Wisconsin (USA) und der evangelische Pfarrer von Bethlehem, Dr. Mitri Raheb, heute nicht unter uns sein. Mitri Raheb schrieb mir gestern: »Gern wäre ich bei deiner Einführung gewesen, um dort das Evangelium vorzulesen, das uns zu Partnern gemacht hat; gerne hätte ich mit dir das Abendmahl ausgeteilt als Zeichen der Gemeinschaft, die wir in Christus haben und spenden. Aber leider komme ich nicht raus. Ich sitze hier fest. (Israel erlaubt meine Ausreise nicht.) Ich sitze hier mit einem dreifachen Schmerz: Einmal, dass ich gar nicht mit euch sein kann, zum anderen, dass die Terroranschläge vielen Menschen Tod, Trauer und Schmerz zugefügt haben und weil ich schlimme Tage und Wochen für unsere Region und für die Welt befürchte. Gerade in dieser Woche sehen wir, wie die Welt in Realität ist, welche Mächte am Werke sind. Wir spüren die Angst, Hoffnungslosigkeit, ja Verlorenheit dieser Welt. Dass du gerade in diesem Kontext als Bischof eingeführt wirst, sehe ich als Zeichen, dass wir als Christen diese Welt nicht sich selbst überlassen dürfen. Wir sind berufen, gerade diese Welt hier und jetzt mit dem Evangelium vom Gekreuzigten zu konfrontieren und mit der Botschaft des Auferstandenen zu gestalten.«

Ob wir aus der Macht des Gekreuzigten und Auferstandenen leben oder nicht, ist schlechthin entscheidend für diese Welt. Das wird auch der amerikanische Präsident erfahren, der in dieser Zeit des Terrors keine leichte Aufgabe hat. Es ist nur ein schmaler Grat, einerseits für die Sicherheit der amerikanischen Bürger zu sorgen, andererseits aber nicht durch ein naives Vergeltungshandeln die Not zu vergrößern und die Gewalt eskalieren zu lassen. Da mag der amerikanische Senat den Präsidenten zwar zum Militärschlag ermächtigen und Milliarden von Dollars zur Verfügung stellen und die Ostseezeitung dann titeln: »Bush hat freie Hand«. Trotzdem hat auch die Macht des amerikanischen Präsidenten ihre Grenze an der Macht Jesu Christi. Er hat uns geboten, unsere Feinde zu lieben. Weil dies die Ethik des Weltenherrn ist, entspricht sie der Wirklichkeit mehr als menschliches

Vergeltungsdenken. Auch Philosophen haben in den letzten Jahren erkannt, dass Feindesliebe eigentlich intelligent ist, weil sie die Herzen gewinnt, die keine Zwangsmaßnahme je erreichen kann.

Es gibt kaum ein universaleres Wort als dieses Wort Jesu in unserem Predigttext. Weil ihm alle Macht gegeben ist, darum sollen alle Menschen zu seinen Jüngern werden. Allerdings wird dieser Missionsauftrag völlig falsch verstanden, wenn in ihm auch nur der Ansatz von äußerem Druck oder gar Zwang gesehen wird. Als christliche Kirche müssen wir bekennen, dass über gewisse Phasen der Kirchengeschichte die Einladung Jesu, sich der unsichtbaren Macht Gottes, des Schöpfers, zu unterstellen, in zwanghafter Gestalt daherkam. Jeder Zwang bei der Einladung zum Glauben macht aus der Kirche, die eine Wohltat Gottes für die Gesellschaft sein soll, eine bloß menschliche, unnütze Institution. Die Kirche als Institution der Freiheit und der Befreiung darf nicht zwingen, sonst entzieht sich ihr der Herr der Kirche, und sie spricht nur noch in eigenem Namen. Dann fehlt ihr die Vollmacht. Dabei sagt der auferstandene Herr in diesen Worten sehr deutlich, wie die Kirche Ausstrahlung für ihre Umgebung gewinnen kann.

Sie soll den Namen Gottes bekannt machen. Gott, der alle Menschen geschaffen hat, ist nicht einfach jedem Menschen bekannt, ja, wir leben heute in einer Zeit, in der viele den Namen des Schöpfers, der sie geschaffen hat und der es gut mit ihnen meint, nicht kennen; in der das Leben und die Geschichte Jesu Christi in Vergessenheit zu geraten drohen und in der die Vergebung, Befreiung und Belebung durch den Geist wenig empfunden wird. Wir alle, die wir uns Christen nennen, nicht nur die Pfarrerinnen und Pfarrer und der Bischof, haben die Aufgabe, den Namen Gottes bekannt zu machen.

Die Kirche konstituiert sich durch Menschen, die ihr Selbstverständnis aus der Beziehung zu Gott ziehen. Wer glaubt, verdankt sich bewusst Gott als seinem Schöpfer, kann sich ein Leben ohne den Herrn Jesus Christus nicht mehr vorstellen und öffnet sich dem befreienden Handeln des Geistes. Die Taufe ist nichts anderes als der Ausdruck dieses Anteils am Wirken Gottes. Wir kommen aus Gottes Hand und gehen in die Hand Gottes zurück. Und weil wir in dieser Welt so vieles vergessen, gehören Lehre, Lernen und Bildung notwendig dazu. Wir sollen die Menschen lehren, alles zu halten, was Christus uns befohlen hat.

Die Kirche hat dies schon immer gewusst und praktiziert und dabei einen nicht unerheblichen Beitrag zur Geschichte der Bildung und zur Entwicklung des Schulwesens geleistet. Selbst die Einführung der allgemeinen Schulpflicht ist Ausfluss der Universalität dieses Bibelwortes. Nachdem der Staat die Kirche in vielerlei Hinsicht bei den grundlegenden Aufgaben der Bildung entlastet, haben wir heute wieder die Möglichkeit und die Verpflichtung, uns auf das besondere Profil evangelischer Bildung zu besinnen. Ich bin sehr dankbar, dass die Pommersche Evangelische Kirche in den letzten zehn Jahren sich vermehrt den Bildungsaufgaben in den evangelischen Kindergärten, in der Entwicklung von Lehrplänen für Religionsunterricht und in der Gründung evangelischer Schulen zugewandt hat. Wir werden in Zukunft aber auch darauf achten müssen, dass die spezifisch gemeindebezogenen Bildungsaufgaben wie die Christenlehre, die Konfirmandenarbeit und die Jugendarbeit dabei nicht zu kurz kommen.

Wie können wir das alles schaffen im abgebrannten Pommernland? – Können wir gar nicht. Diese Aufgaben sind für uns auf jeden Fall zu groß. Aber Christus hat uns versprochen: *»Ich bin bei euch alle Tage bis an der Welt Ende.«* So wird aus dem Rand eine neue Mitte. Wir tun das, was uns vor die Hand kommt. Und Christus lebt sein Leben weiter in uns und durch uns.

Dem leidenden Messias nachfolgen[1]

Markus 8,31–38

31 Und er fing an, sie zu lehren: Der Menschensohn muss viel leiden und verworfen werden von den Ältesten und Hohenpriestern und Schriftgelehrten und getötet werden und nach drei Tagen auferstehen. 32 Und er redete das Wort frei und offen. Und Petrus nahm ihn beiseite und fing an, ihm zu wehren. 33 Er aber wandte sich um, sah seine Jünger an und bedrohte Petrus und sprach: Geh weg von mir, Satan! Denn du meinst nicht, was göttlich, sondern was menschlich ist.

34 Und er rief zu sich das Volk samt seinen Jüngern und sprach zu ihnen: Wer mir nachfolgen will, der verleugne sich selbst und nehme sein Kreuz auf sich und folge mir nach. 35 Denn wer sein Leben erhalten will, der wird's verlieren; und wer sein Leben verliert um meinetwillen und um des Evangeliums willen, der wird's erhalten. 36 Denn was hülfe es dem Menschen, wenn er die ganze Welt gewönne und nähme an seiner Seele Schaden? 37 Denn was kann der Mensch geben, womit er seine Seele auslöse? 38 Wer sich aber meiner und meiner Worte schämt unter diesem abtrünnigen und sündigen Geschlecht, dessen wird sich auch der Menschensohn schämen, wenn er kommen wird in der Herrlichkeit seines Vaters mit den heiligen Engeln.

Spiritualität steht heute hoch im Kurs. Lebenssteigerung durch das Anzapfen unsichtbarer Quellen. Zufluss geistlicher Energien durch die Rückbesinnung auf das religiöse Wissen der Alten. Aber dazu scheint unser Predigtwort nicht gut zu passen. Es redet vom Leiden, vom Sterben und von der Selbstaufgabe. Und doch stehen wir heute im Kirchenjahr an einer Schwellensituation der evangelischen Frömmigkeit. Wir haben Weihnachten im Rücken. Der Weihnachtsfestkreis ist zu Ende. Die Passionszeit hat noch nicht begonnen. Ihr Beginn am kommenden Mittwoch steht uns aber schon vor Augen. Wir kommen sozusagen von der Menschwerdung Gottes in diesem Mann aus Nazareth her. Gleichzeitig orientieren wir uns aber schon auf das, was jetzt kommt, auf das Leiden und Sterben

---

[1]   Predigt zum 163. Jahresfest des Jerusalemsvereins in St. Marien zu Berlin am 15. Februar 2015 (Estomihi).

Jesu Christi hin. In diese geistliche Situation gehört der Wochenspruch dieses Sonntags: *»Seht, wir gehen hinauf nach Jerusalem, und es wird alles vollendet werden, was geschrieben ist durch die Propheten von dem Menschensohn«* (Lukas 18,31).

Christliche Spiritualität beginnt mit dieser Ausrichtung nach Jerusalem. Jerusalem steht für ein einmaliges Geschehen. In Jerusalem berühren sich Himmel und Erde. Hier hat Gott sich offenbart, zuerst seinem ersterwählten Volk Israel und dann durch seinen Sohn Jesus Christus aller Welt. Aber diese Offenbarung Gottes berührt unser Leben nur, wenn wir uns nach Jerusalem ausrichten. Die Wahrheit hat einen »Zeitkern« (Theodor W. Adorno)[2]. Sie ist nicht überall und an allen Orten in gleicher Weise zugänglich. Nur wenn wir sehr aufmerksam und sehr empfänglich wahrnehmen, was in Jerusalem geschehen ist, dann werden wir hineingezogen in Gottes Geschichte mit seinen Menschen.

Jesus musste schon seine Jünger darauf vorbereiten, was in Jerusalem geschehen wird, damit sie es verstehen. Um seine Jünger zu unterweisen, hat Jesus sich mit ihnen zurückgezogen nach Cäsarea Philippi, hoch im Norden des Landes, am Fuße des Berges Hermon. Hier hatte der Herodessohn Philippus seine Residenz. Israelfahrer unter uns kennen den Ort heute als Banias und haben sich dort die östlichste der Jordanquellen angeschaut. (Herrlich, wie das Wasser mit Kraft in breiter Front aus der Erde kommt!) Dort konnte man sich gut zur Retraite (Stille) zurückziehen und nach den eigenen Quellen fragen. Aber man war dort nicht allein in jüdischer Umgebung, sozusagen unter sich. Es gab dort ein altes Panheiligtum, aber auch einen Baalstempel und einen Augustustempel. Die öffentlichen Bauten zeigten mehr viele Götter verehrenden Hellenismus als allein Gott die Ehre gebendes Judentum. Gerade hatte Jesus angesichts dieser religiösen Konkurrenz die Jünger nach ihrer Meinung über ihn gefragt, und Petrus hatte stellvertretend für die Jünger geantwortet: *»Du bist der Messias!«*

Damit war es heraus. Die Jünger folgten Jesus, weil sie ihn für den erwarteten Messias, den Gott vertretenden Herrscher hielten, der das Heil für Israel und damit für die Welt bringen sollte. Die lebendige jüdische Spiritualität zur Zeit Jesu gipfelte in der Erwartung dieses Befreiers, Befreiers von der verhassten römischen Besatzung und von allen korrupten und unfähigen jüdischen Oberen. Der Messias würde das ersehnte Gottesreich bringen, das Ende der Not und die Erneuerung der Welt. Endlich Freiheit und Gerechtigkeit!

Jesus widerspricht den Jüngern und den in ihn gesetzten Erwartungen nicht, aber – und da setzt nun der heutige Predigttext ein – er bezeichnet sich selber als *»Menschensohn«*. Das ist nun ganz klar der Repräsentant der Gottesherrschaft

---

[2] Vgl. Theodor W. Adorno, Der Essay als Form; in: Ders., Noten zur Literatur (Gesammelte Schriften 11), Frankfurt a. M. 1974, 18; vgl. dazu: Hans-Jürgen Abromeit, Die Einzigartigkeit Jesu Christi. Die Frage nach dem Absolutheitsanspruch des Christentums bei Dietrich Bonhoeffer; in: Pastoraltheologie 80, 1991, 584–602, bes. 590.

(nach Daniel 7) in menschlicher Gestalt. Jesus redet von sich als Menschensohn, aber in dritter Person. Doch dann sagt er etwas, was die Jünger schockiert. »*Der Menschensohn – also Jesus – muss viel leiden. Er muss verworfen werden von den Ratsältesten, von den Hohepriestern und den Schriftgelehrten – also den jüdischen führenden Kreisen. Er wird getötet werden und dann nach drei Tagen auferstehen.*« Das ist die Katastrophe! Jesus soll doch die jüdischen Autoritäten gewinnen und nicht von ihnen aus dem Weg geräumt werden. Das kann doch gar nicht sein!

Petrus nimmt Jesus beiseite und sagt: »Meister, du musst dich irren! Du übernimmst doch die Herrschaft. Da kannst du doch nicht leiden und sterben müssen. Was heißt hier verworfen werden!? Man wird dich zum Herrscher ausrufen!« Jesus reagiert unglaublich scharf. Offensichtlich hat Petrus einen Nerv getroffen. Jesus »bedroht« (Luther) Petrus und bezeichnet ihn als Teufel: »*Geh weg von mir, Satan! Dir geht es nicht um das, was Gott will, sondern um das, was Menschen wollen*« (Basisbibel). An diesem Punkt sieht Jesus einen absoluten Gegensatz zwischen Menschenwille und Gotteswille. Der Mensch will mit Gottes Hilfe im Grunde selber herrschen. Er möchte endlich einmal groß rauskommen! Immer waren wir die Underdogs. Und nun wird Gott dafür sorgen, dass wir auf der Seite des zukünftigen Herrschers stehen. Wer kann dem Fischer vom See Genezareth die Hoffnung übel nehmen, dass ein wenig Glanz des Weltherrschers auch auf ihn und die anderen kleinen Leute aus dem Umfeld Jesu fällt? Das soll jetzt alles dahin sein?

Petrus will eine glorreiche Theologie. Eine Kirche, die herrscht. »Theologia gloriae« nennt das Martin Luther. Das ist menschlich gedacht. Gott aber wählt einen anderen Weg. Luther redet von »theologia crucis«, einer Theologie des Kreuzes. Dazu gehört eine Kirche, die dient. Genauso ist es auch mit der Spiritualität. Wir möchten eine Spiritualität, die unsere Lebensmöglichkeiten steigert. Nur kein Leiden! Das verringert doch unsere Lebensmöglichkeiten. Aber das ist unrealistisch, denn Leiden gehört zum Leben hinzu, und nur durch das Leiden und Sterben führt der Weg zum Leben.

Am Ende seines Lebens hat Dietrich Bonhoeffer verstanden, dass wir diese Spiritualität wieder ganz neu lernen müssen. Er schreibt seinem kleinen Patensohn aus dem Gefängnis in Berlin-Tegel: »... auch wir selbst sind wieder ganz auf die Anfänge des Verstehens zurückgeworfen. Was Versöhnung und Erlösung, was Wiedergeburt und Heiliger Geist, was Feindesliebe, Kreuz und Auferstehen, was Leben, was Christus und Nachfolge heißt, das ist alles so schwer und fern, dass wir es kaum mehr wagen, davon zu sprechen.«[3] Nachfolge und Kreuz, Christus und Leben, aus diesem Bibelwort lernen wir dreierlei für unsere ganz

---

[3] Dietrich Bonhoeffer, Widerstand und Ergebung. Briefe und Aufzeichnungen aus der Haft, hrsg. v. Christian Gremmels, Eberhard Bethge und Renate Bethge (DBW 8), Gütersloh 1998, 435 f.

persönliche, in der Bibel und in der Geschichte Jesu Christi gründende Spiritualität.

1. »Seht, wir gehen hinauf nach Jerusalem, dem Kreuz entgegen«

In Jerusalem steht das Kreuz, an dem Jesus gestorben ist. Jesus opfert sich. Neu ist, dass der Messias leiden muss. Damit enttäuscht Jesus die Erwartungen, die an ihn gerichtet werden. Aber es ist ein unvermeidlicher Weg. Er muss gegangen werden. Nur so kann das Werk, für das Gott Mensch geworden ist, zu seinem Ziel kommen. Gott nimmt die zerstörerische Kraft der Sünde auf sich selbst. So wird am Kreuz Schuld vergeben und neues Leben ermöglicht. Theologia crucis!

Natürlich hätte Gott auch sagen können: »Was interessiert mich die Sünde, mit der ihr Menschen euch gegenseitig geschadet habt und meine Autorität missachtet habt. Schwamm drüber!« Aber dann wäre die zerstörerische Kraft der Sünde nicht gebrochen und die Sünde nicht überwunden. Das wäre theologia gloriae! Weil der Weg unseres Herrn am Kreuz endete, kann auch der Weg seiner Nachfolger nicht am Kreuz vorführen. Jesus sagt: »*Wer mir nachfolgen will, darf nicht an seinem Leben hängen. Er muss sein Kreuz auf sich nehmen und mir auf meinem Weg folgen*« (V. 34 – Basisbibel). Jesus folgen heißt immer auch, sein Kreuz auf sich zu nehmen. Wir wissen in diesen Tagen, dass für die Christen im Orient die Bereitschaft zur Kreuzesnachfolge auch das Schlimmste, auch den Tod einschließen kann. In Ägypten brannten im Sommer 2013 über 70 Kirchen, Geschäfte und Autos von Christen wurden angesteckt, Dutzende Gläubige kamen zu Tode. Im Sommer 2014 wurden die letzten geschlossenen Siedlungsgebiete von Christen im Irak von dem sogenannten »Islamischen Staat« angegriffen, die Bewohner vertrieben oder getötet. Tausende wurden ermordet oder vergewaltigt. Es gibt keine nennenswerte christliche Minderheit im Irak mehr. Vor 15 Jahren waren noch zehn Prozent der Bevölkerung christlich. In Syrien sieht es ähnlich aus. Wir stehen mitten in einem dramatischen Umbruch für die orientalische Christenheit.

Als Jerusalemsverein sind wir unseren christlichen Geschwistern im Orient verbunden. Besonders nahe stehen uns unsere Geschwister in Palästina, mit denen wir seit 163 Jahren eine Verbindung haben und wo die evangelischen Gemeinden in Jerusalem, Bethlehem, Betjala, Bethsahur, Ramallah und Amman mit ihrer Kirche, der »Evangelisch-Lutherischen Kirche in Jordanien und dem Heiligen Land« (ELCJHL), mit uns in Kirchengemeinschaft stehen. Auch sie haben es nicht leicht. Da steht schon einmal eines Morgens an der Kirche: »Nur der Islam ist die Lösung.« Andererseits stranguliert der Staat Israel mit seiner Armee und seinen Siedlungen in der Westbank die Glieder unserer Partnergemeinden wie alle Palästinenser und versucht, den Druck auf sie zu erhöhen, damit sie das

Land verlassen. Das Leben unter Besatzung seit nun mehr 48 Jahren ist unerträglich.

Der Jerusalemsverein muss um Jesu willen an der Seite unserer palästinensischen Geschwister stehen. Nicht alle sehen das so. Umso mehr freuen wir uns, dass wir hier in St. Marien als Jerusalemsverein gemeinsam mit Ihnen unseren Jahresfestgottesdienst feiern dürfen. Aber auch wir müssen uns fragen: Tun wir genug? Könnten wir unsere Geschwister im Land der Bibel noch stärken und ihnen auf die eine oder andere Weise besser zur Seite stehen? Lasst uns unsere Überlegungen heute Nachmittag in unserer Mitgliederversammlung dazu fortsetzen.

Der vorhin zitierte Dietrich Bonhoeffer, der auch in der Nachfolge Jesu Christi sein Kreuz auf sich genommen hatte und in der Verschwörung gegen Adolf Hitler noch in den letzten Kriegstagen hingerichtet worden ist, hat ein Buch zum Thema »Nachfolge« geschrieben. Der entscheidende Satz lautet: »Nachfolge ist kein Programm, sondern eine Beziehung zu Jesus Christus. Neben Jesus gibt es keine weiteren Inhalte mehr. Er ist es.«[4]

2. »Seht, wir gehen hinauf nach Jerusalem, gemeinsam mit Jesus!«

Entscheidend in der Nachfolge ist, dass sie wirklich *Nachfolge* ist und bleibt. Christliche Spiritualität hat darin ihren Markenkern, dass sie sich auf Jesus Christus bezieht. In der Begegnung mit Jesus war es ganz schlicht so, dass er Menschen in seine Nachfolge berief. Und das meinte im Wortsinn ein Hinterhergehen. Jesus gibt die Richtung vor. Wir verwirklichen in seiner Nachfolge keine politischen oder kirchlichen Programme. Nicht der Zeitgeist gibt uns die Richtung vor. Wir sagen nicht nur, was der Political Correctness entspricht. Aus der Bindung an Jesus ergibt sich, wofür Christen eintreten. Das schließt die tägliche, aufmerksame Betrachtung ein, wo Jesus langgeht. Aus dem persönlichen Umgang mit ihm in Gebet und Schriftbetrachtung folgt ein aktives Prüfen des täglichen Weges. Diese alleinige Bindung an Jesus schenkt eine große Unabhängigkeit. Sie ist aber auch unsere große Kraft.

Immer wieder wollen sich andere Leidenschaften bemerkbar machen. Aus der guten Kenntnis der palästinensischen Geschichte und den vielen persönlichen Beziehungen zu Palästinensern setzen wir uns immer wieder für Palästinenser, gegen die Verletzung von Menschenrechten und gegen ungerechte Behandlung von Palästinensern ein. Landraub, Misshandlungen, Beschränkung der Bewegungsfreiheit sind keine Kavaliersdelikte. Die Namensnennung dieser Menschenrechtsverletzungen und das Eintreten für einen palästinensischen

---

[4] Bonhoeffer, Nachfolge, 45–47.

Staat bringen den Jerusalemsverein für Manchen in die Nähe von politischen Vereinigungen oder Interessensgruppen. Aber wir sind keine politische Gruppierung, sondern ein kirchlicher Verein. Unser Vereinszweck unterscheidet sich nicht grundsätzlich vom Auftrag der Kirche im Allgemeinen, deren Auftrag es ist, »Jünger und Jüngerinnen zu machen aus Menschen aller Völker« (vgl. Matthäus 28,19). Der Auftrag der Kirche gilt allen Menschen, aber er geht von Jerusalem aus.

3. »Seht, wir gehen hinauf nach Jerusalem, zum Leben!«

Wir folgen diesem Jesus nach Jerusalem nicht, weil es unser Hobby ist oder unsere besondere Vorliebe oder ein Spezialinteresse, sondern weil bei Jesus *das Leben* zu finden ist. Alle suchen das Leben. Die menschliche Sehnsucht zielt auf das Leben. Und Gott möchte, dass seine Menschen – und zwar alle, nicht nur einige Auserwählte – »das Leben und volle Genüge haben« (Johannes 10,10). Oder wie die Basisbibel übersetzt: »das Leben in seiner ganzen Fülle«. Es ist das große Verdienst von Pastor Mitri Raheb, dass er dieses Bibelwort als Grundlage des gesamten Bildungs- und Kulturwerkes in Bethlehem gewählt hat. Zu viele sind im Nahen Osten bereit, für ihre Überzeugung zu sterben. Militär und Terror verbreiten eine Kultur des Todes. Dagegen fordert Mitri Raheb: »Im Nahen Osten und in der ganzen Welt brauchen wir dringend eine Kultur des Lebens. Leben für die Gemeinschaft – das ist im 21. Jahrhundert nötig, damit alle ›... das Leben und volle Genüge haben sollen‹.«[5]

Aber das Leben ist zerbrechlich. Man kann es schneller verlieren, als man gedacht hat. »Denn wer sein Leben erhalten will, der wird es verlieren; und wer sein Leben verliert um meinetwillen und um des Evangeliums willen, der wird es erhalten« (V. 35). Gerade krampfhafte Bemühung um Lebenssteigerung führt eher zum Lebensverlust. Wer aber von sich absieht und auf Jesus hinsieht und auf das Evangelium und auf die Anderen, die uns brauchen, der findet das Leben.

Evangelische Spiritualität ist im Kern Jesusbeziehung, und sie übt sich gut ein in der Passionszeit, wenn der Blick sich nach Jerusalem richtet. »Seht, wir gehen hinauf nach Jerusalem!« Wir wissen, wir gehen dahin, weil dort das Kreuz Jesu steht und wir sein Heil suchen. Ja, dieses Kreuz bleibt auch seinen Leuten nicht erspart. Aber wir gehen diesen Weg gemeinsam mit Jesus. So können wir ihn gehen, auch wenn es nicht immer leicht ist. Und wir freuen uns, denn es ist ein Weg zum Leben.

---

[5]   Mitri Raheb, Glaube unter imperialer Macht. Eine palästinensische Theologie der Hoffnung, Gütersloh 2014, 195.

Spricht etwas gegen die Taufe?[1]

Apostelgeschichte 8,26–40

26 Aber der Engel des Herrn redete zu Philippus und sprach: Steh auf und geh nach Süden auf die Straße, die von Jerusalem nach Gaza hinabführt und öde ist. 27 Und er stand auf und ging hin. Und siehe, ein Mann aus Äthiopien, ein Kämmerer und Mächtiger am Hof der Kandake, der Königin von Äthiopien, welcher ihren ganzen Schatz verwaltete, der war nach Jerusalem gekommen, um anzubeten. 28 Nun zog er wieder heim und saß auf seinem Wagen und las den Propheten Jesaja.

29 Der Geist aber sprach zu Philippus: Geh hin und halte dich zu diesem Wagen! 30 Da lief Philippus hin und hörte, dass er den Propheten Jesaja las, und fragte: Verstehst du auch, was du liest? 31 Er aber sprach: Wie kann ich, wenn mich nicht jemand anleitet? Und er bat Philippus, aufzusteigen und sich zu ihm zu setzen. 32 Der Inhalt aber der Schrift, die er las, war dieser (Jesaja 53,7-8): »Wie ein Schaf, das zur Schlachtung geführt wird, und wie ein Lamm, das vor seinem Scherer verstummt, so tut er seinen Mund nicht auf. 33 In seiner Erniedrigung wurde sein Urteil aufgehoben. Wer kann seine Nachkommen aufzählen? Denn sein Leben wird von der Erde weggenommen.« 34 Da antwortete der Kämmerer dem Philippus und sprach: »Ich bitte dich, von wem redet der Prophet das, von sich selber oder von jemand anderem?« 35 Philippus aber tat seinen Mund auf und fing mit diesem Wort der Schrift an und predigte ihm das Evangelium von Jesus. 36 Und als sie auf der Straße dahinfuhren, kamen sie an ein Wasser. Da sprach der Kämmerer: »Siehe, da ist Wasser; was hindert's, dass ich mich taufen lasse?« 38 Und er ließ den Wagen halten und beide stiegen in das Wasser hinab, Philippus und der Kämmerer, und er taufte ihn. 39 Als sie aber aus dem Wasser heraufstiegen, entrückte der Geist des Herrn den Philippus und der Kämmerer sah ihn nicht mehr; er zog aber seine Straße fröhlich. 40 Philippus aber fand sich in Aschdod wieder und zog umher und predigte in allen Städten das Evangelium, bis er nach Cäsarea kam.

---

[1]   Predigt anlässlich des ERF-Fernsehgottesdienstes in der Ev. Johanneskirchengemeinde Greifswald am 1. Juli 2018 (für den 6. Sonntag nach Trinitatis, 8. Juli 2018).

»Spricht etwas gegen die Taufe?«[2] Ja, meinten die Eltern von Verena Friederike Hasel. Das Selbstbestimmungsrecht ihres Kindes. Die Autorin erzählt in einem sehr persönlichen Artikel in der Wochenzeitung Die Zeit davon. Wie so viele Eltern seit den 1970er Jahren meinten auch ihre, sie solle sich einmal selbst entscheiden. Doch Verena konnte sich nicht entscheiden – dazu hätte sie Menschen gebraucht, die ihr vom liebenden Gott erzählen. Sie wurde also nicht getauft. Nun hat sie eigene Töchter. Die Fünfjährige rechnet ganz selbstverständlich mit Gott. Da beginnt die Mutter, mit ihnen den christlichen Glauben zu entdecken. Für ihre Töchter ist Gott ganz real. Aber die Mutter hat noch einen inneren Vorbehalt.

Mich hat dieser Artikel bewegt. Er zeigt, dass auch in unserem ziemlich weltlich ausgerichteten Land Gott nicht abzuschreiben ist. Nur sind die Wege zu ihm heute andere als früher, eben ganz individuell. Denken Sie an die Drei, die eben von ihrem Weg zu Gott berichtet haben.[3] Bei jedem war es anders. Doch alle

---

[2]   Vgl. Die ZEIT 14/2018, 58.

[3]   *Text Cynthia:* »An meine Taufe kann ich mich nicht erinnern. Ich war erst vier Wochen alt bei meiner lutherischen Taufe in den USA. Ein einziges Foto gibt es davon. Auf dem Foto sehe ich die Kreuze aus Wasser auf meiner Stirn und Brust nicht. Aber sie sind dennoch da. Ja, wir können sie nicht sehen, aber Gott schon. Meiner Überzeugung nach sieht Gott sie jedes Mal, wenn er mich anschaut. Wie eintätowiert. Genau dort, wo sie der Pastor malte. Gott weiß und sieht, dass ich bei meiner Taufe markiert, ja, versiegelt bin mit dem Kreuz seines Sohnes Jesus Christus. Egal, wie passiv ich damals war. Egal, ob meine Eltern wussten, was sie taten, oder nicht. Durch Jesus bin ich freigekauft und Gott geschenkt. Ja, ich bin adoptiert. Ich bin jetzt sein Kind. Hier [auf Stirn zeigend] bin ich ganz schön nass geküsst. Aber soll ich passiv bleiben? Natürlich nicht. Die Beziehung mit Gott will gelebt und zweiseitig werden. Gottes ›Ja‹ zu mir ist eine Dauereinladung von und zu Gott. Ich darf Gottes ›Ja‹ bei meiner Taufe mit meinem ›Ja‹ in der Nachfolge erwidern – jeden Tag aufs Neue!«

Text Mattis: »Ich heiße Mattis und bin neun Jahre alt. An Ostern bin ich hier getauft worden. Meine Freunde Hanna und Nathan haben das Wasser ins Taufbecken gegossen. Ich gehe seit drei Jahren in die Christenlehre hier in der Johanneskirche. Da habe ich das Vaterunser gelernt und wir beten öfter in der Kirche. Das gefällt mir gut. Deshalb wollte ich mich auch taufen lassen. Ich wollte gerne zu Gottes Familie gehören. Jetzt sind alle auf der ganzen Welt, die getauft sind, meine Schwestern und Brüder. Ich finde es super, dass ich immer zu Gott beten kann und dass Jesus mich beschützt. Ich bete manchmal, wenn ich Angst habe, und meine Mama gibt mir morgens einen Segen. Die Taufe bedeutet für mich, dass ich für immer Gottes Kind bin. Auch nach dem Tod.«

Text Akbar: »Ich bin Akbar, in Afghanistan geboren und im Iran aufgewachsen. Anfang 2017 nahm mich ein anderer Flüchtling mit in die Johanneskirche. Ich war einfach neugierig und hatte sonst nichts zu tun. Pastor Kiefer betete um Frieden für den Iran und für Afghanistan, und er betete für Muslime. Ich hatte noch nie erlebt, dass jemand für seine Feinde betet. Da ist mir ist das Herz aufgegangen. Es hat mich sehr bewegt. Damit begann mein Weg zu Jesus und zur Taufe. Ich bin getauft auf Jesu Namen, an dem Tag, da das Wasser auf meinen Körper

Wege führten über die Taufe. Von Cynthia haben wir gehört, wie ihre Taufe als Kind ihr heute hilft, mit Jesus zu leben. Der neunjährige Mattis hat selbst entschieden, dass er sich taufen lassen will, weil er »gerne zu Gottes Familie gehören« möchte. Akbar war Moslem. Er hatte gedacht, Christen seien seine Feinde. Da erlebt er, wie in einem evangelischen Gottesdienst für sein Land und für die Muslime gebetet wird. Das hat ihn so bewegt, dass er nachgefragt hat. Was ist das für ein Gott, der alle Menschen liebt und auch will, dass die Menschen sich untereinander lieben? Er hat viele Gespräche geführt, einen Glaubenskurs besucht und sich dann entschieden, »dass Jesus Christus sein Herr sein soll«.

»Spricht etwas gegen die Taufe?« Nein, es spricht nichts gegen die Taufe, wenn ein Mensch von Gott angerührt ist und mit Jesus leben will. Aber wie das geschieht, das ist bei jedem anders. Gott führt Menschen zum Glauben, aber je auf seine Weise.

Als Predigttext haben Sie die Geschichte eines Finanzministers gehört. Hier, in dem Abschnitt aus der Apostelgeschichte, ist es die Bekehrungsgeschichte eines Menschen aus der High Society. Diese Geschichte hat eine Tiefenperspektive.

1. Auf der Suche

Er hatte etwas erreicht in seinem Leben, aber dafür hatte er auch bezahlen müssen. Er war der Finanzminister der Kandake, damals nannte man so die Königin des Landes, das wir heute Sudan nennen. Wer bei ihr etwas werden wollte, musste seine Zeugungsfähigkeit opfern. Die Traditionen schrieben es vor, damit nur kein Untergebener sich in einer falschen Weise der Königin nähern konnte. Wer hoch hinaus wollte, musste vorher einen harten Schnitt erleiden. Nur Kastraten konnten solche Ämter erhalten. Aber alles, so dachte sich der Minister, kann man im Leben nicht auf einmal haben.

Die Sudanesen glaubten damals an einen letzten Urheber. Das gehörte zu ihrer Tradition. Sie wussten: Von nichts kommt nichts. In ihrer Umgebung lebten Juden, bei denen der Urheber der Welt einen Namen hatte. Und sie glaubten, dass dieser Gott die Menschen noch immer begleitet und erhält. Darüber wollte der Finanzminister mehr wissen. Er hörte vom Zentrum des jüdischen Glaubens, von Jerusalem und seinem Heiligen Tempel und bekam mit, wie jüdische Menschen

---

gegossen wurde. An diesem Tag kam Gottes Geist auf meine zerbrochene, sündige Seele. Andere Kräfte konnten sie nicht befreien, außer der Kraft Jesu Christi. Ich habe bekannt, dass Jesus Christus mein Herr sein soll. Voll Hoffnung und mit viel Mut habe ich mir vorgenommen, dass die Sünden keinen Platz mehr in mir haben sollen, denn er ist mit mir, und ich bin nicht mehr allein.«

und Gottesfürchtige sich auf den weiten Weg nach Jerusalem machten, um dort einmal eines der großen Feste des Judentums mitzufeiern.

Dann war er im Tempel gewesen. Das hatte ihn berührt, wie die Menschenmassen dort zusammenkamen, um Gott zu feiern. Was ihn am meisten anrührte, war der Tempelgottesdienst, bei dem täglich Opfer gebracht wurden. Er sah es nur von weitem. Auf einem Altar brachten Priester Gott Opfer dar. Man konnte etwas bezahlen, und dann war das Opfer mein Opfer. Dadurch sollte Schuld vergeben und die Brüche im Leben erträglicher werden. Konnte das Opfer auf dem Tempelaltar diesen Abstand zwischen Mensch und Gott verringern? Konnte man dadurch wieder mehr Selbstachtung gewinnen? Galt das auch für ihn, der sich nur als halber Mensch fühlte? Vielleicht war es so, auf jeden Fall war es aber nichts für ihn. Denn da standen ja im Tempelhof diese Schilder, die ihm ein Weitergehen unmöglich machten: *»Kein Entmannter oder Verschnittener soll in die Gemeinde des Herrn kommen.«* (5. Mose 23,2)

2. Eine vielversprechende Reisebegleitung

Und so fuhr er angerührt, aber auch traurig wieder nach Hause. Als Andenken hatte er sich eine Schriftrolle gekauft. Nun saß er in seinem Reisewagen und las Worte des 2. Jesaja. Das, was er las, erfreute den Finanzminister. Er empfand Wärme, und ein Lächeln legte sich auf sein Gesicht, als er in Jesaja 56,3 lesen durfte: *»Und der Fremde, der sich dem Herrn zugewandt hat, soll nicht sagen: Der Herr wird mich getrennt halten von seinem Volk. Und der Verschnittene soll nicht sagen: Siehe, ich bin ein dürrer Baum. Denn so spricht der Herr: Den Verschnittenen, die meine Sabbate halten und erwählen, was mir wohl gefällt, und an meinem Bund festhalten, denen will ich in meinem Hause und in meinen Mauern ein Denkmal und einen Namen geben; das ist besser als Söhne und Töchter.«*

Gab es also doch noch eine Hoffnung, eine Perspektive für ihn? Dann gab es ja noch eine Art von Glauben, die selbst in Jerusalem noch nicht realisiert war. Konnte es eine Erfüllung des Lebens geben, die besser war »als Söhne und Töchter« in einer Kultur, in der Nachkommenschaft das höchste Gut war?

Und er liest weiter. Und er liest laut – denn so las man damals, wenn man verstehen wollte. Und er liest immer wieder die Schriftrolle, die er in Jerusalem erstanden hatte. Und er liest in dieser Schriftrolle auch etwas von einem Gottesknecht, der Gott ganz treu war – und von Treue wusste unser Finanzminister auch etwas –, der erniedrigt wurde – und von Erniedrigung wusste der Afrikaner sehr viel – und den Gott als sein Werkzeug benutzt hat. Er liest, wie dieser Gottesknecht stellvertretend für andere Schuld übernimmt, damit die Vielen das Leben haben. Und als er bei ihm liest: *»Der Gottesknecht wurde erniedrigt und all seiner Rechte beraubt. Niemand wird über Nachkommen über ihn berichten können ...«*, da spricht ihn plötzlich jemand an. Woher kam diese Stimme? Er saß doch alleine in seinem Wagen. Und die Stimme fragt ihn: »Verstehst du denn, was du da liest?« Und er sieht, wie diese Stimme zu einem Mann gehört, der neben dem Wagen herging und seinem lauten Lesen zugehört hatte. »Verstehst du denn, was du da liest?« Der Finanzminister antwortete schlagfertig: »Wie kann ich es verstehen, wenn niemand es mir erklärt?« Und dann bittet er unseren Philippus aufzusteigen und sich zu ihm zu setzen.

3. Sehnsucht nach mehr

Heute fahren die Wagen zu schnell. Die Leute lesen auch nicht mehr laut. Aber doch gibt es unter uns etliche Gottsucher. Zumindest gibt es viele, die von sich sagen: »Ich bin ein gelernter DDR-Bürger und habe all die Sachen über den Glauben nicht gelernt.« Oder wie die Autorin des Zeitungsartikels schreibt: »Ich selbst glaube nicht, mir ist aber die Schönheit des christlichen Glaubens bewusst geworden.« Ich höre hier eine Sehnsucht. Wer so redet, wähnt sich noch weit von Gott entfernt. Dabei ist er ihm in Wirklichkeit schon ganz nah. Darum werden heute in vielen Gemeinden Glaubenskurse angeboten, die in den christlichen Glauben einführen. Unter den Gleichgültigen und den Verächtern der Religion gibt es etliche, denen einfach bisher die Gelegenheit gefehlt hat, sich mit den Inhalten des christlichen Glaubens auseinanderzusetzen. Die Gottsucher und die Glaubensinteressierten sind unter uns.

Das Geheimnis des Finanzministers war, dass er sich als mächtiger Mann so schwach fühlte. Manchmal konnte er sich selbst im Spiegel nicht anschauen. Hätte er nicht doch lieber ein anderes Leben gelebt? Darum war ihm dieses Bibelwort so wichtig. Da war von einem Erniedrigten die Rede, dessen Leben wegen der Erniedrigung Sinn empfangen hatte. Von wem redete der Prophet, wer ist dieser Gottesknecht? Redete der Prophet von sich selber oder von jemand anderem? Aber wieso waren in seiner Rede auch Züge, die der Afrikaner bei sich selbst wiederfand? Überstieg das Schicksal dieses Gottesknechtes nicht alles, was sich in der Biographie eines einzigen Menschen ereignen konnte?

Philippus wusste: Das war die ihm von Gott geschenkte Gelegenheit. Solche Situationen sind selten. Und er nutzte sie. Philippus predigte die gute Botschaft, wie unser Leben wertvoll wird, weil ein anderer, Jesus, es wieder wertvoll macht. Und er hat wohl auch berichtet, dass der Einstieg in ein solches Leben die Taufe ist, denn sonst wäre die Rückfrage des Afrikaners kaum zu erklären: »Spricht etwas dagegen, dass ich mich taufen lasse?« In dieser einen Frage sind alle Komplexe dieses Mannes, alle Zurückweisungen, die er erlebt hat, sein nagendes Gefühl, nicht zu genügen, enthalten. Und sie enthält die ganze Sehnsucht des Mannes, endlich dazuzugehören. Nicht auch noch von Gott Schilder lesen zu müssen: »Du bist hier unerwünscht«. Er spürt, dass die Antwort in Jesus liegt. Er hat das Bedürfnis, zu diesem Jesus zu gehören. Denn er hat verstanden, nirgendwo auf dieser Welt kann ich Gott so nah kommen, als wenn ich auf Jesus schaue. Wenn ich sein Leben, Sterben und Auferstehen betrachte und dadurch mein Leben verwandelt wird.

In der Sprache der Alten wird Jesus deswegen Gottes Sohn genannt. Das meint: Wer Jesus sieht, sieht Gott. Und umgekehrt: Wer Gott kennenlernen will, der muss auf Jesus sehen. Darum ist der spätere Eintrag im Text der Apostelgeschichte sachgemäß, in dem Philippus sagt: »Wenn du mit ganzem Herzen glaubst, kannst du getauft werden«, und der Afrikaner antwortet: »Ich glaube, dass Jesus Gottes Sohn ist.«

Die Taufe findet dann draußen statt – weil da gerade ein Fluss ist. Der afrikanische Finanzminister hat sich immer gewünscht, dass sein Leben wieder kostbar sein möge. Als er verstanden hatte, dieser Weg führt über die Taufe, da wollte er nur noch dies eine – getauft werden.

Im Weg zum Glauben und zur Taufe ist eine neue Gemeinschaft entstanden. Zwei bisher Unbekannte haben sich kennengelernt. Der Jude Philippus und der Afrikaner waren nun miteinander verbunden. Cynthia aus Amerika, Mattis aus Greifswald und Akbar aus dem Iran gehören – wie Mattis gesagt hat – zur »Familie Gottes« und zu einer Gemeinde hier in Greifswald, zur Johanneskirchengemeinde. Der Glaube an Jesus Christus und die Taufe schaffen eine neue Beziehung, die menschliche Unterscheidungen übersteigt. Menschen aus verschiedenen Völkern, Kulturen und sogar Religionen werden zu einer neuen Gemeinschaft zusammengefügt. Vor Jahren schon kritisierte ein rechtsextremes Netzwerk diese von mir vertretene Aussage als »hoffnungslos international«. Der pommersche Bischof hätte kein Verständnis für eine »Moral, die aus Blut und Boden« erwächst. Nein, dafür können wir auch kein Verständnis haben, denn Gott hat uns zu einer neuen Familie, seiner Familie, quer zu allen menschlichen Unterscheidungen von Völkern, Sippen, Kulturen und Religionen zusammengefügt. Wer getauft ist, gehört zu dieser neuen Gemeinschaft. Immer wieder wird dieses Verständnis der Kirche in Frage gestellt, heute bei Entscheidungen über das Bleiberecht von Flüchtlingen, auch von staatlicher Seite. Dem muss ich als Christ und als Bischof widersprechen.

Nun ist die Geschichte so gut wie zu Ende. Auf Philippus warten an anderer Stelle weitere Aufgaben. Der Afrikaner ist mit Freude erfüllt. Er zieht nun seine Straße fröhlich. Und wir? Auch wir können heute Gott begegnen. In der Verbindung zu Jesus Christus liegt eine große Kraft. Wir haben es bei dem Finanzminister aus dem Sudan gesehen. Es kommt darauf an, die persönliche Lebensgeschichte mit der Geschichte Jesu Christi zu verweben. Wir bejahen unser eigenes bruchstückhaftes Leben oder das zerbrechliche und offene Leben unserer Kinder. Wir stürzen uns in die Liebe Gottes, wie in einen Fluss. Das geschieht in der Taufe. Wer getauft ist, hat Anlass, seine Straße fröhlich zu ziehen. Also: »Spricht etwas dagegen, dass ich mich taufen lasse?« Nein, es spricht alles dafür. Ob als Kind oder als Erwachsener, es ist immer gut, sein Leben in Gottes Hand zu legen. Damit Sie auch am Ende Ihre Straße fröhlich ziehen.

Ein Brief Christi[1]

2. Korinther 3,2–6

Der Apostel Paulus schreibt an die Gemeinde zu Korinth:
2 Ihr seid unser Brief, in unser Herz geschrieben, erkannt und gelesen von allen Menschen! 3 Ist doch offenbar geworden, dass ihr ein Brief Christi seid, durch unsern Dienst zubereitet, geschrieben nicht mit Tinte, sondern mit dem Geist des lebendigen Gottes, nicht auf steinerne Tafeln, sondern auf fleischerne Tafeln, nämlich eure Herzen.
4 Solches Vertrauen aber haben wir durch Christus zu Gott. 5 Nicht, dass wir tüchtig sind von uns selber, uns etwas zuzurechnen als von uns selber; sondern dass wir tüchtig sind, ist von Gott, 6 der uns auch tüchtig gemacht hat zu Dienern des neuen Bundes, nicht des Buchstabens, sondern des Geistes. Denn der Buchstabe tötet, aber der Geist macht lebendig.

»Ihr seid ein Brief Christi!« Das ist ein gewaltiges Wort – und wenn wir es auf Ihren Auftrag als frisch Ordinierte beziehen, so lässt es Sie vielleicht erschrecken. Sie sind ein Brief Christi. In Ihrem Dienst liest die Gemeinde, was Christus ihr mitteilen will. Aber wenn wir etwas genauer hinschauen, sehen wir, dass der Apostel Paulus nicht nur ein besonderes Amt anredet – etwa das Pastorenamt –, sondern *alle* Christen. Paulus nennt die christliche Gemeinde einen Brief Christi. Ist die ganze Gemeinde ein Brief Christi, dann doch auch der Kirchengemeinderat und alle anderen, die zur Gemeinde dazu gehören und Aufgaben an den unterschiedlichsten Stellen wahrnehmen. Das heißt dann: Christus will durch die Christen in den Gemeinden *seine* Botschaft herüberbringen. Die Kirchengemeinden in Altefähr und Rambin, in Jarmen, in Altentreptow, in Völschow und Kartlow, in Greifswald und Kemnitz sind dazu da, dass alle Menschen in diesen Orten wissen, was Gott ihnen sagen will.

Fühlen wir uns da nicht überfordert? Fragen wir uns nicht, ob Paulus uns damit zu viel zumutet? Ich möchte anhand dieses Predigttextes an die Wichtigkeit

---

[1]   Predigt anlässlich der Ordination 2015 am 4. Sonntag nach Trinitatis (28. Juni 2015) in St. Jacobi, Greifswald.

dieses christlichen Auftrages erinnern, sodann fragen, was der Inhalt dieses Auftrages ist, und schließlich andeuten, wie diese große Aufgabe bewältigt werden kann.

1. Eine Entscheidung auf Leben und Tod

Der Horizont, vor dem Paulus seine Aussagen macht, ist ganz umfassend. Es geht um eine Entscheidung auf Leben und Tod. Wenige Verse vorher reißt er diesen Horizont auf, wenn er sich und seinen Auftrag, das Evangelium zu verkündigen, als »Wohlgeruch Christi« bezeichnet: »*... diesen ein Geruch des Todes zum Tode, jenen aber ein Geruch des Lebens zum Leben. Wer aber ist dazu tüchtig?*« (2. Korinther 2,15–16)

Wir machen uns ja gar nicht klar, wie nahe Leben und Tod einander sind und welche Kluft sie dennoch trennt. Es geht dabei nicht nur um die Alternative »ewiges Leben – ewiger Tod«. (Allerdings geht es *auch* um diese Alternative.) Weil ewiges Leben und ewiger Tod auf dem Spiel stehen, sind zeitliches Leben und zeitlicher Tod nicht gleichgültig, sondern erscheinen erst recht in der ihnen eigenen Wichtigkeit und auch Begrenzung.

Da uns der Zusammenhang zwischen ewigem und zeitlichem Leben verloren gegangen ist, schwanken wir hin und her zwischen Vitalismus und Lebensverachtung. Die Haltung »Ich will Genuss sofort!« liegt nicht fern von der anderen: »Leben – nein danke!« Es gibt Menschen, bei denen schnell dann, wenn das volle Leben nicht mehr möglich ist, sich der Wunsch zur Selbsttötung einstellt. Ein Beispiel für diese Haltung des Entweder-oder – entweder vollen Genuss oder gar keinen – hat ja etwa der Selbstmord von Gunter Sachs[2] gegeben. Sachs war sein Leben lang bekannt als jemand, der sein Leben voll ausgekostet hat. Als die Kräfte, auch die geistigen Kräfte nachlassen, vermutet er – bei einem Arzt ist er nie gewesen –, dass er unter Alzheimer leidet, und erschießt sich. Entweder Playboy oder tot. Dazwischen gibt es offensichtlich für eine extrem auf Lebensbejahung getrimmte Gesellschaft keinen Mittelweg. Erich Fromm[3] hat diese – heute vielerorts anzutreffende – Tendenz, dass absolute Lebensbejahung in Lebensverachtung umschlägt, »Nekrophilie« genannt, Liebe zum Tod. Übersteigerte Erwartung nach erfülltem Leben endet oft in selbstzerstörerischem Verhalten.[4]

Wer alles von einem Leben diesseits der Todesgrenze erwartet, überfordert sich und räumt dem Tod eine Stellung ein, die diesem nicht gebührt. Dietrich

---

[2]   Gunter Sachs (1932–2011) war Industriellenerbe und Playboy.
[3]   Erich Fromm (1900–1980) war Psychoanalytiker, Philosoph und Sozialpsychologe.
[4]   Vgl. Erich Fromm, Anatomie der menschlichen Destruktivität, Stuttgart 1974, 299–334.

Bonhoeffer spricht von dieser Lebenseinstellung als »Todesvergötzung«[5]. Der Mensch, der Gott verloren hat, vergöttert den Tod.

Doch auch Erfolg oder Reichtum können das Leben ersticken. Hier liegt in unserer Gesellschaft gewiss die größte Anfechtung. Die Werte, die zählen, sind materielle Werte und eine Technik auf der Höhe der Zeit. »In« sind immer noch der neueste Autotyp, das neueste Smartphone und der Flachbildfernseher. Nur in »Hollister«, »Nike« oder »H&M« gekleidet, findet der Junge oder das Mädchen Zugang zu manchen Cliquen. Wobei einige dieser Textilketten bereits alle sechs Wochen ihre Kollektion erneuern. Wer »in« bleiben will, gerät in Konsumstress.

Und der Gott des Konsumismus frisst seine Kinder. Konsum macht einsam, denn er richtet den Blick auf Sachen und lenkt ihn weg vom Menschen neben mir. Konsumismus fördert die Oberflächlichkeit. Überzogene Lebenssteigerung bricht um in Lebensverneinung. Es gibt ein Sterben vor dem Tod. Wir stehen in unserem ganzen Leben vor der Entscheidung, ob wir jetzt das Leben oder den Tod wählen.

2. Ein Brief Christi

Wenn man vor diesem Horizont einer umfassenden Entscheidung von Paulus hört: *»Ihr seid ein Brief Christi!«*, so fragt man sich: Wird dann die Verantwortung, die auf uns liegt, nicht so groß, dass wir sie nicht mehr tragen können? Aber andererseits: Müssen wir uns den Schuh, den Paulus uns hinhält, überhaupt anziehen? »Ja – müssen wir!« Denn was für die Gemeinde in Korinth galt, gilt durchaus auch für uns heute, wenn wir von der Verkündigung der guten Botschaft Gottes getroffen und in die Nachfolge Jesu gestellt sind. Durch die Taufe beschenkt Jesus uns mit seinem Geist. Wir haben eine Geschichte mit Gott, in der er uns sanft und sacht auf seinen Weg gebracht hat und immer wieder dorthin zurückbringen will. Gott hat an uns gewirkt und uns zu dem gemacht, was wir sind. Wir wären doch das, was wir sind, nicht ohne Gottes Führung!

Ich habe mich oft gefragt, warum Jesus, als er auf Erden lebte, nicht einen einzigen Satz aufgeschrieben hat, um ihn der Nachwelt zu überliefern. Das hätten wir doch gewiss anders gemacht. Wir hätten doch alles, was wir den Menschen mitteilen wollten, genau aufgeschrieben, damit auch nichts vergessen wird und jeder in allen Zweifelsfällen Bescheid weiß. Aber Jesus hat nichts aufgeschrieben, sondern alles nur mündlich verkündigt. So ist heute das, was Gott uns durch Christus mitteilen wollte, nur durch das Zeugnis der Gemeinde bekannt, die weitererzählt hat, was sie von Jesus erfahren hatte. Deswegen kommen Missverständnisse auf, und über die Auslegung wird gestritten.

Trotzdem gibt es nicht nur Briefe der Apostel, sondern auch einen Brief Christi. Christus hat der Welt einen Brief geschrieben – und das sind wir, das ist

---

[5]   Vgl. Dietrich Bonhoeffer, Ethik, 78 ff.

die Gemeinde. Das umwerfend Neue ist: Dieser Brief ist aus Fleisch und Blut (vgl. Hesekiel 36,26). Es ist ein Herzensbrief. Er ist uns in die Herzen geschrieben (vgl. Jeremia 31,33). Diese direkte Art der Mitteilung ist der indirekten durch das Wort überlegen – im Hinblick auf die Intensität, nicht im Blick auf die Deutlichkeit. Gott teilt mit, indem er uns das Herz abgewinnt. Die Verständigung von Herz zu Herz geht tiefer, als das bloße Wort zu dringen vermag.

Wir haben uns nicht selbst gemacht, sondern wir werden gebildet – von Gott, aber mit Hilfe anderer Menschen. Paulus sagt: *»Ihr seid ein Brief Christi, durch unseren Dienst zubereitet, geschrieben mit dem Geist des lebendigen Gottes«* (V. 3). Nur als solche, die wir Gott und andere Menschen an uns wirken lassen, werden wir zu einem Brief Christi. Was bedeutet es, dass wir zu einem Brief Christi an die Welt werden? Wir werden zu einer Mitteilung Christi an alle Menschen.

Die Veränderung der Herzen übersteigt menschliche Möglichkeiten, ohne auf menschliche Mitwirkung zu verzichten. Diese Einsicht hilft, den Eindruck der Überforderung zu überwinden. Sie wirkt der Resignation entgegen. Wenn ich mich dem Geist des lebendigen Gottes öffne, bin ich ein *»Brief Christi«*. Ich bin es auch gerade mit meinem Unvermögen. Wenn ich auch hinter meinen selbstgesteckten Zielen zurückbleibe, dort, wo ich *»Vertrauen durch Christus zu Gott«* (V. 4) habe, bin ich ein Brief Christi. Mit unserer Unvollkommenheit, mit unserem Scheitern dürfen wir ein Brief Christi sein. *»Meine Kraft ist in dem Schwachen mächtig!«*, sagt Paulus über unser Bemühen (2. Korinther 12,9). Das ist ein ganz kühnes Bild, wenn Paulus die Gemeinde, uns, einen Brief von Christus für alle Menschen nennt. Sie kennen vielleicht das Bonmot: »Die Christen sind die einzige Bibel, die heute noch gelesen wird. Aber leider ist das eine schlechte Übersetzung.«

Ein Brief Christi sind wir allerdings nie allein, sondern immer nur als Glied der Gemeinde Jesu Christi. Liebe Geschwister, Sie werden heute zum Dienst an Wort und Sakrament ordiniert. Aber Sie stehen nicht allein. Rechts und links neben Ihnen stehen Schwestern und Brüder – mit dem gleichen Auftrag, im gleichen Geist, mit denselben Anfechtungen. Christus teilt sich mit, indem er von ihm geprägte Menschen mitten in diese Welt schickt. Mit ihrem Leben und ihrem Reden sind sie Überbringer der Christusbotschaft. Durch Sie wird der Wille Christi öffentlich. Denn dieser Brief Christi wird *»gelesen von allen Menschen«* (V. 2).

Trotzdem bleibt die Bekundung des göttlichen Willens unsichtbar und nicht beweisbar, denn sie ist *»geschrieben nicht mit Tinte, sondern mit dem Geist des lebendigen Gottes«* (V. 3). Dieser Brief Christi ist ein persönliches Gespräch, das den ganzen Menschen mit einbezieht, aber innen, am Herzen (vgl. V. 3) einsetzt. Die Befähigung zu solchem Dienst erlangt man nicht durch Studium und Ausbildung, nicht durch Zeugnisse und Dokumente, überhaupt nicht aus seinen eigenen Möglichkeiten, sondern nur durch Gott.

3. Gott schenkt Fähigkeiten

Die Antwort auf die Ausgangsfrage, wer denn zu einem solchen auf Tod und Leben entscheidenden Dienst fähig sei (2. Korinther 2,16), kann nur lauten: Nur die, die der Geist Gottes dazu befähigt hat. *»Nicht dass wir fähig sind von uns selber, sondern dass wir fähig sind, ist von Gott«* (2. Korinther 3,5). Wenn Christus in diesen Tiefenschichten des Menschen ansetzt, die mit dem Stichwort des Herzens bezeichnet sind, dann hat er unbegrenzte Möglichkeiten, am Menschen zu wirken. Er kann Gaben und Fähigkeiten schenken, auf die Menschen keinen Einfluss haben.

Sie, liebe Schwestern, und Sie, lieber Bruder, sind durch Ihren Lebensweg schon vorbereitet worden auf Ihren Dienst als Pastorin oder Pastor. Sie haben erzählt, wie es bei Ihnen gewesen ist, bei jeder und jedem irgendwie anders. Aber Gott hatte seinen eigenen Weg, Sie auf den Weg des hauptamtlichen Dienstes zu ziehen.

Wer in unserer Zeit heute den Menschen von Gott erzählt, hat keine einfache Aufgabe gewählt. Gerade angesichts der schier unendlichen Herausforderung dürfen wir darauf vertrauen, dass Gottes guter Geist die Befähigung zum Dienst schenkt. *»Solches Vertrauen aber haben wir durch Christus zu Gott«* (V. 4). Dieses Vertrauen ist kein Selbstvertrauen, sondern Gottvertrauen. Es ist ein Vertrauen auf das Wirken des Geistes Gottes in uns.

Als Christen leben wir in einer Spannung: Wenn wir auf uns und unsere Möglichkeiten schauen, dann sehen wir unsere Schwächen und Grenzen und trauen uns kaum etwas zu. Wenn wir aber auf Gott schauen, dann sehen wir die Möglichkeiten Gottes und dürfen uns deswegen auch Großes zutrauen. Im Jahre 1980 lernte ich die damals neunzigjährige Kaiserswerther Diakonisse Schwester Bertha Harz[6] in Jerusalem kennen. Das Gespräch mit der alten Dame war immer anregend und zugleich eine anschauliche Darstellung der Geschichte des Nahen Ostens vom Osmanischen Reich bis heute. Seit 1910 (!) lebte Sr. Bertha – mit kleineren Unterbrechungen – im Orient und leitete jahrzehntelang die Evangelische Mädchenschule Talita Kumi – durch fünf Kriege hindurch und in schweren Zeiten. Als ich sie einmal fragte, woher sie die Kraft genommen habe, dreimal mit ihrer Schule wieder am Nullpunkt anzufangen, antwortete sie: »Es gab für mich nichts, was ich nicht konnte.« Ich ertappte mich bei dem Gedanken, ob sie wohl senil sei. Aber sie fuhr fort: »Denn Gott kann ja alles.« Und ich verstand, dass sie mir nicht von ihrer Selbstsicherheit, sondern von ihrer Gottesgewissheit erzählen wollte.

---

[6] Sie starb am 17. Oktober 1982 in Talita Kumi bei Bethlehem. Zu Schwester Bertha vgl. Siegfried Hanselmann, Deutsche Evangelische Palästinamission. Handbuch ihrer Motive, Geschichte und Ergebnisse, Erlangen 1971, 144, und Evangelische Gemeinde Jerusalem, Gemeindebrief 11/12 (1982) – 1 (1983), 24–29.

Dagegen sind wir doch manchmal feige und mutlose Leute. Angesichts festgefahrener Situationen, angesichts der kleiner gewordenen Zahl von Christen fehlt uns so ein überzeugtes »Gott kann ja alles!«. Er kann in der Tat aus jeder Sackgasse herausführen und uns Fähigkeiten zuwachsen lassen, die wir uns selbst niemals zugetraut hätten. Aber wir haben diese Kraft nicht aus uns selbst (vgl. V. 5). Nur als die in gemeinsamer Schwachheit Stehenden bleiben wir vor Misstrauen bewahrt und vor Menschen glaubwürdig.

Entscheidend ist darum, dass Sie nicht als perfekter Mensch erscheinen wollen, sondern als einer, der zu seiner Schwachheit steht, sie vor Gott bringt und von ihm neue Kraft schöpft. Diese Ermutigung will Gott durch seinen Geist gern geben. Der Geist Gottes macht lebendig. Jesus Christus ist von den Toten auferstanden und hat damit ein völlig neues Leben ermöglicht. Die zarten Anfänge dürfen wir hier schon erleben – auch Sie in Ihrem Dienst –, jeden Tag. So sind Sie ein Brief Christi.

Wir werden nicht mutlos[1]

2. Korinther 4,14.16–18[2]

Der Apostel Paulus schreibt an die Gemeinde in Korinth:
14 Wir wissen, dass der, der den Herrn Jesus hat auferweckt, wird uns auch auferwecken mit Jesus und wird uns vor sich stellen samt euch. 16 Darum werden wir nicht mutlos; sondern wenn auch unser äußerer Mensch zerfällt, so wird doch der innere von Tag zu Tag erneuert. 17 Denn unser gegenwärtiges Leiden, das leicht wiegt, schafft uns eine ewige und über alle Maßen gewichtige Herrlichkeit, 18 uns, die wir nicht auf das Sichtbare sehen, sondern auf das Unsichtbare. Denn was sichtbar ist, das ist vergänglich; was aber unsichtbar ist, das ist ewig.

»Wir werden nicht mutlos!« Fünfzehn Jahre nach der deutsch-deutschen Vereinigung ist eine wirkliche Verbesserung der Lebensverhältnisse für alle noch nicht in Sicht. Eher verschlechtert sich in bestimmten Bereichen die Lage. Auch für die Kirchen werden die nächsten Jahre schwierig werden. Da ist es gut, vom Apostel Paulus zu hören, wie von der Osterbotschaft Hoffnung in unser Leben fällt. Denn die Existenz von Christinnen und Christen ist geprägt vom Osterglauben. »Wir wissen«, sagt der Apostel Paulus, »dass der, der den Herrn Jesus auferweckt hat, auch uns mit Jesus auferwecken wird.«

Als junger Mensch hatte ich die wunderbare Möglichkeit, einen Teil meiner Ausbildung, meines Vikariates, in Jerusalem zu verbringen. Es war damals schon eine ganz schwierige Zeit für die Menschen in der Region. Aber kurz nach meiner Ankunft war Ostern. Da gehört es in Jerusalem zum guten Ton, dass sich die Christen am Tag nach Ostern gegenseitig besuchen. So trat der damalige griechisch-katholische Metropolit in Jerusalem, Lutfi Laham, der heutige Patriarch Gregorios III. der griechisch-katholischen Kirche, in den Vorraum der Propstei. Laham ist ein menschlicher Hühne. Er trat auf den Vikar zu und rief: »Christus ist auferstanden!« Dann nahm er mich, drückte und küsste mich, dass mir die Luft

---

[1] Predigt anlässlich der Neubegründung des St.-Marien-Klosters zu Verchen am 18. April 2004 (Quasimodogeniti).

[2] In V. 17 eigene Übersetzung.

wegblieb, und wartete auf meine Antwort. »Er ist wahrhaftig auferstanden!«, brachte ich heraus. »Er weiß es, er weiß es!«, rief wiederum Laham und drückte und küsste mich aufs Neue. So spürte ich trotz aller Schwierigkeiten, wie die Auferstehung Jesu Lebensmut verbreiten kann.

Pommern gehört zu den ärmsten Regionen Deutschlands. Wir haben Ortschaften, in denen die Arbeitslosigkeit bei 60 Prozent liegt. Die offizielle Arbeitslosenstatistik zeigt für ganz Vorpommern 29 Prozent an. Das ist für Deutschland sehr, sehr viel. Viele Menschen, vor allem junge, verlassen deswegen Vorpommern und suchen anderswo ihr Glück. In einem wenig freundlichen Zeit-Artikel über Anklam heißt es: »Selbst der Bürgermeister will hier weg«. In Anspielung auf die Aussage des Bundestagspräsidenten Wolfgang Thierse habe ich deswegen vor einigen Tagen gesagt: »Der Osten steht nicht mehr auf der Kippe, er ist in einigen Regionen bereits heruntergekippt, und wir sollten uns bemühen, diese Regionen so schnell wie möglich wieder heraufzuholen.«

Wir brauchen neue, ungewöhnliche Ideen, um mit vielen kleinen Aktionen und Unternehmungen Hoffnung nach Vorpommern zu bringen. Diese Klosterneubegründung ist solch ein Zeichen für diese Region. Wir haben die Schwestern gebeten, nach Vorpommern zu kommen. Und sie sind gekommen – nicht mit großen finanziellen Mitteln und gewaltigen Kräften, sondern in Gehorsam des Glaubens mit dem, was sie haben, nämlich sich selbst, ihrem Gottvertrauen und der Kraft ihrer Gemeinschaft. Das sind Möglichkeiten, die wir alle auch haben könnten. Gerade weil es nichts Großes ist, kann es für uns alle zum Zeichen werden.

Unter solchen äußeren Bedingungen ist eine Neubegründung des Klosters Leben aus den Toten. 470 Jahre lang gab es hier keine Stundengebete und kein klösterliches Leben. Nun ist es wirklich ein Zeichen der Auferweckung, wenn hier in Verchen wieder eine Kommunität existiert. Es ist ein Zeichen für die Wahrheit dieses Bibeltextes. Um uns herum breitet sich Resignation aus, aber wir werden nicht mutlos. Die Jungen haben »keinen Bock mehr«. Die Älteren stellen resignierend fest: »Es hat doch alles keinen Zweck! Es ändert sich nichts.« Und die ganz Alten merken, wie es dem Ende entgegengeht. Und jeder tröstet sich mit dem kleinen Vergnügen, das ihm oder ihr gefällt. Aber wir, sagt der Apostel, »wir werden nicht mutlos!«

Damals, als junger Vikar, während meiner Zeit in Jerusalem, nutzte ich mehrfach die Gelegenheit, von dort aus freie Tage im Sinai und am Roten Meer zu verbringen. Das schönste Erlebnis für mich war, wenn ich Gelegenheit hatte, am Ufer des Roten Meeres bei den Korallenriffen zu schnorcheln. Stehen Sie am Ufer, vielleicht nur wenige Meter neben dem Riff, sehen Sie nichts von der Welt, die so ein Korallenriff in sich birgt. Aber schon 40 cm unter der Wasseroberfläche entfaltet sich eine Meeresflora und -fauna, die ihresgleichen sucht. Die originellsten Korallen, die farbigsten Fische, die überraschendsten Formen von Tier- und Unterwasserpflanzenwelt befinden sich in aller Regel ganz nah am Ufer. Sie können allerdings vom Strand aus wirklich nichts davon erkennen. Erst, wenn Sie Ihren Kopf unter die Wasseroberfläche stecken, tut sich Ihnen eine neue Welt auf. Dieses Schnorcheln in den Korallenriffen des Roten Meeres muss man einmal erlebt haben, um einschätzen zu können, wie schön die Schöpfung Gottes auch dort ist. Die vorhandene, aber außerhalb des Wassers mit unseren Organen nicht wahrnehmbare herrliche Unterwasserwelt der Korallenriffe ist für mich ein Bild geworden. Ein Bild für die über alle Maßen gewichtige Herrlichkeit der Wirklichkeit Gottes, die schon vorhanden ist. Eine Wirklichkeit, aus der wir leben können, aber die für unsere natürlichen Augen unsichtbar ist.

Weil wir aber schon jetzt aus diesem Unsichtbaren leben können, tauchen wir immer mal wieder ein in Gottes herrliche Welt. Weil wir im Glauben schon jetzt in Ansätzen Gottes Herrlichkeit schmecken können, werden wir nicht mutlos.

Vor einigen Jahren habe ich am gleichen Tag zwei Trauerbesuche bei Gemeindegliedern machen müssen. Der eine Mensch war in Gott gestorben. Ich traf auf eine getröstete Trauergemeinde. Zwar waren die Hinterbliebenen auch von dem Verlust gezeichnet, aber weil sie einen Halt in ihrem Leben hatten und vom Halt im Leben des Verstorbenen wussten, waren sie nicht mutlos.

Von dem anderen Verstorbenen sagten die Angehörigen: »Er war nicht gegen Gott oder die Kirche.« Aber offensichtlich waren der Glaube an Gott und der Trost, den Jesus Christus schenken kann, in dieser Familie nicht präsent. Die Angehörigen saßen bei meinem Besuch ziemlich desorientiert und traurig zusammen. Keiner wusste so recht, wie man sich nach dem Tod des Großvaters verhalten sollte. So bekam ich an einem Tag eine Lektion, was es heißt, wenn jemand in Gott stirbt oder wenn jemand ohne Gott als Realität in seinem Leben gelebt hat. Wer auf Gott vertraut, braucht auch angesichts des Todes und des Sterbens nicht mutlos zu werden.

Ein Gespenst geht um unter uns. Dieses Gespenst heißt Frust. Ich erlebe um mich herum bei uns in Pommern, wie sich Mitarbeiterinnen und Mitarbeiter mühen, wie Pfarrerinnen und Pfarrer versuchen, mit ihren Gemeinden Gemeindeaufbau zu leisten, aber es lassen sich wenig Jugendliche konfirmieren, die Zahl der Taufen geht zurück, und viele – gerade hoffnungsvolle junge Familien – verlassen unsere Region. Viele fragen sich: Lohnt es sich, hier weiter auszuharren? Man setzt sich ein, gibt sich Mühe und sieht doch keinen Erfolg.

Da hilft die Unterscheidung des Apostel Paulus zwischen dem äußeren Menschen, der zerfällt, und dem inneren, der von Tag zu Tag erneuert wird. Leid und Enttäuschungserfahrungen helfen, innerlich zu wachsen. Wie das geht, zeigt eine kleine Geschichte: Ein Mensch konnte nichts Schönes und Gesundes sehen. Als er in einer Oase einen jungen Palmbaum in bestem Wuchs fand, nahm er einen schweren Stein und legte ihn der jungen Palme mitten in die Krone. Mit einem Lachen ging er weiter. Aber die Palme versuchte, die Last abzuwerfen. Sie schüttelte und bog sich. Vergebens. Sie krallte sich tiefer in den Boden, bis ihre Wurzeln verborgene Wasseradern erreichten. Diese Kraft aus der Tiefe und die

Sonnenglut aus der Höhe machten sie zu einer königlichen Palme, die auch den Stein hochstemmen konnte. Nach Jahren kam der Mann wieder, um sich an dem Krüppelbaum zu erfreuen. Da senkte die kräftigste Palme ihre Krone, zeigte den Stein und sagte:»Ich muss dir danken. Deine Last hat mich stark gemacht!« Äußere Widerstände können uns helfen, uns in Gott zu verwurzeln und aus den unsichtbaren Kräften zu leben.

Gegenwärtiges Leiden kann helfen, sich in den Kräften der Ewigkeit zu verwurzeln. Fast zwangsnotwendig leidet der Christ in dieser Welt. Christsein und die Strukturen dieser Welt stehen einander entgegen. Wer aufrecht sein Christsein leben möchte, ist kein Schmieröl im Getriebe des Lebens, sondern eher Sand in der Gesellschaft.

Wer bewusst als Christ oder Christin leben möchte, muss damit rechnen, dass sich manche Menschen von ihm oder ihr trennen werden. Wer keinem wehtun möchte, kann nicht bewusst als Christ leben wollen. Schon die einfachen Scheidungen und Trennungen, die durch bewusstes christliches Leben entstehen, schmerzen. Doch wer seinen Lebensweg in der Gemeinschaft mit Jesus Christus gehen möchte, bekommt Anteil an der gewichtigen Herrlichkeit des zukünftigen Lebens. Wer konsequent in der Nachfolge Jesu lebt, wird in seinem Leben auf Widerstände stoßen. Aber durch die Taufe ist er mit Jesus Christus verbunden. Diese Gemeinschaft ist unauflöslich und kann auch durch den Tod nicht zerstört werden.

So hat der große dänische Philosoph Sören Kirkegaard verfügt, dass auf seinem Grabstein folgender Spruch aufgeschrieben werden sollte:

>»Noch eine kurze Zeit, dann ist's gewonnen,
> dann ist der ganze Streit in Nichts zerronnen,
> dann kann ich laben mich an Lebensbächen
> und ewig, ewiglich mit Jesus sprechen.«

Der Trost, der in der unauflöslichen Gemeinschaft mit Jesus Christus liegt, vermag das Leid, das sich einstellen wird, zu übersteigen. Als meine Frau Christiane nach zwei Jahren Krebserkrankung mit 34 Jahren starb, haben wir entschieden, diesen Spruch Kierkegaards über ihre Todesanzeige zu setzen. Wir sind angefochten, aber wegen der Gemeinschaft mit Jesus Christus werden wir nicht mutlos. Das, was sichtbar ist, ist vergänglich. Die Karriere, die wir vielleicht mit unserem Beruf angestrebt haben, die Position, die wir erreicht haben, die Titel, mit denen man unseren Namen dekoriert – alles dies ist vergänglich. Die Häuser und die Wohnungen, die wir schmücken, die Prachtbauten und auch die Straßen und Autobahnen, die wir uns in Vorpommern noch so ersehnen, sie alle haben einmal ihre Zeit gehabt.

Nur das, was unsichtbar ist, das bleibt ewig. Wir stehen mit unserem Leben vor der Entscheidungsfrage, ob wir oberflächliche Menschen oder Menschen mit

Tiefgang sein wollen. Wer sich dafür entscheidet, sein Leben mit Jesus Christus zu führen, der stellt fest: Die Welt wird farbig. In sein Leben tritt eine neue Dimension. Wer nur nach dem Sichtbaren strebt, bleibt oberflächlich und gewinnt keinen Tiefgang. So sind wir für uns gefragt, was wir aus unserem Leben machen. Die Frage richtet sich aber auch an uns, wohin wir erziehen wollen. Möchten wir, dass unsere Kinder oberflächliche Menschen sind oder Menschen mit Tiefgang? In der Bindung an Jesus Christus eröffnet sich unserem Leben eine Weite und Tiefe, die wir selber nicht herstellen können. Dadurch gewinnt unser Leben eine Ewigkeitsperspektive. Das hilft uns auch, nicht mutlos zu werden.

Darf ich Sie fragen: Sind Sie manchmal mutlos? Ich gestehe Ihnen: Ich bin es manchmal. Mein Dienst ist nicht immer leicht, aber ich habe es gehört: Ich will nicht auf das Sichtbare sehen, auf die großen Zahlen und auf die Statistiken, die den sichtbaren Erfolg festzuhalten versuchen. Ich tue meinen Dienst für Gott. Er tröstet. Er erneuert von innen her, Tag für Tag. Dass wir hier in Pommern und auch unsere Schwestern hier in Verchen und mit ihnen die ganze Gemeinde und die Region dies immer wieder erfahren, das wünsche ich uns. Weil wir wissen: Jesus Christus, an den wir glauben, ist von den Toten auferstanden und lebt, darum hat dieser Wunsch einen guten Grund. Darum werden wir nicht mutlos.

Christuserkenntnis und Selbstverständnis[1]

Matthäus 16,13-19

13 Da kam Jesus in die Gegend von Cäsarea Philippi und fragte seine Jünger und sprach: »Wer sagen die Leute, dass der Menschensohn sei?« 14 Sie sprachen: »Einige sagen, du seist Johannes der Täufer, andere, du seist Elia, wieder andere, du seist Jeremia oder einer der Propheten.« 15 Er fragte sie: »Wer sagt denn ihr, dass ich sei?« 16 Da antwortete Simon Petrus und sprach: »Du bist Christus, des lebendigen Gottes Sohn!« 17 Und Jesus antwortete und sprach zu ihm: »Selig bist du, Simon, Jonas Sohn; denn Fleisch und Blut haben dir das nicht offenbart, sondern mein Vater im Himmel. 18 Und ich sage dir auch: Du bist Petrus, und auf diesen Felsen will ich meine Gemeinde bauen, und die Pforten der Hölle sollen sie nicht überwältigen. 19 Ich will dir die Schlüssel des Himmelreichs geben: Alles, was du auf Erden binden wirst, soll auch im Himmel gebunden sein, und alles, was du auf Erden lösen wirst, soll auch im Himmel gelöst sein.«

Pfingsten heißt: Ohne Gottes Geist geht nichts! Petrus ist der erste Mensch, der ein Christusbekenntnis ausspricht: *»Du bist Christus, des lebendigen Gottes Sohn!«* »Dieser Jesus von Nazareth ist der Messias.« Er ist der seit tausend Jahren erwartete Heilsbringer, der Stellvertreter Gottes auf Erden, der seinen Willen unter uns durchsetzen wird. – Einen bestimmten Menschen der Geschichte so völlig auf Gottes Seite zu stellen und ihn von allen anderen Menschen abzuheben, ist ungeheuerlich! Auch Jesus ist überrascht und antwortet auf dieses Christusbekenntnis, auf diese Messiaserkenntnis des Petrus: *»Selig bist du, Simon, Jonas Sohn; denn Fleisch und Blut haben dir das nicht offenbart, sondern mein Vater im Himmel.«* Nicht durch schlussfolgerndes Denken oder menschliche Erfahrung ist es möglich, den Messias zu identifizieren. Das geht nur durch Offenbarung, geht nur durch Gottes Geist, geht nur, weil es der Vater im Himmel Petrus selbst gesagt hat.

---

[1] Predigt in der Verchener Kirche anlässlich der Verabschiedung der Selbitzer Schwestern aus Verchen am 25. Mai 2015 (Pfingstmontag).

Pfingsten, das heißt: Ohne Gottes Geist geht nichts! Als Pastor Brick und der damalige Superintendent Höflich mich 2002 baten, einen Brief nach Selbitz zu schreiben, um die Bitte, einen Konvent nach Verchen zu entsenden, zu unterstreichen, da war mir klar: Nur wenn die Selbitzer einen Wink des Geistes spüren, werden sie kommen. Sie werden nicht kommen, weil die Klosterkirche so schön ist und der Kummerower See so idyllisch. Sie werden nicht kommen, weil Pastor Brick oder Superintendent Höflich und die Verchener Gemeinde so nett sind oder weil die Menschen in Vorpommern sie brauchen. Das galt für viele andere Orte auch. Sie werden nur kommen, wenn sie spüren: Gott will uns dort, in Pommern, haben.

Und so schrieb ich einen Brief und erinnerte an ein Ereignis aus der Ausbreitungsgeschichte des Christentums. Der Apostel Paulus wollte Kleinasien systematisch bereisen, um Jesus Christus zu verkündigen und Gemeinden zu bauen. Aber der Geist Gottes durchkreuzte seine Pläne und ließ ihm im Traum einen Mann aus Mazedonien erscheinen. An der Schwelle von Asien nach Europa stand dann ein vom Geist Gottes gewirktes Traumgesicht, in dem der Mann aus Europa Paulus bat: *»Komm herüber und hilf uns!«* (Apostelgeschichte 16,9) So kam Paulus durch einen Wink des Geistes Gottes nach Europa. Sodann haben wir gebetet, dass Gott, der Herr, die Schwestern zu uns führen möge. Zu unserer Vision für einen geistlichen Aufbruch in Vorpommern hätte es wunderbar gepasst, wenn eine Kommunität durch Mitleben und Vorleben des Evangeliums das Zeugnis von Jesus Christus in die ländlichen Räume bringen würde. Und schließlich habe ich den Orden in Selbitz besucht und versucht, diese Gedanken in einem Gespräch noch einmal aufs Neue den Schwestern ans Herz zu legen.

»Kommt herüber und helft uns!« Und die Schwestern kamen! 2003 waren sie da. Ich bin zutiefst überzeugt, der Heilige Geist führte die Schwestern zu uns. Ohne Gottes Geist geht nichts. So war es schon damals bei Jesus und Petrus, und so ist es auch bei uns heute.

Jesus hatte sich mit seinen Jüngern nach Cäsarea Philippi zurückgezogen. Das war das Grenzland, ganz hoch im Nordosten Israels. Die Lage hatte sich für Jesus zugespitzt. An seiner Person und seiner Verkündigung schieden sich die Geister. Auf der Tagesordnung stand die Frage, ob er bleiben und die Folgen seiner Verkündigung und seines Wirkens aushalten sollte oder ob er ausweichen sollte, vielleicht ins Ausland gehen. Das wäre hier im Norden ganz einfach gewesen, und niemand hätte ihn gekannt.

Jesus stand vor der Wahl: Ausland oder Jerusalem. Jerusalem, das bedeutete, den Stier bei den Hörnern zu packen und bewusst die Auseinandersetzung und die Entscheidung mit den führenden jüdischen Kreisen zu suchen. Offensichtlich ist Jesus verunsichert. Er fragt nach der Resonanz, die er bei den Menschen hervorruft: »Wer sagen die Leute, dass ich sei?« Ja, man hatte gemerkt, dass der Geist Gottes in besonderer Weise mit diesem Mann aus Nazareth unterwegs war.

Auf der Suche nach einer Einordnung dieses Phänomens Jesus von Nazareth greifen die Menschen aus Galiläa auf traditionelle Antworten zurück. Irgendwie hat man das, was Jesus verkündete und wie er auftrat, doch schon bei Johannes dem Täufer oder bei Elija oder bei Jeremia oder bei irgendeinem anderen der Propheten gehört – oder? Da fragt Jesus nun seine Jünger unvermittelt und direkt: *»Und wer sagt ihr, dass ich sei?«* Petrus, schon immer Wortführer der Jünger, antwortet: *»Du bist Christus, des lebendigen Gottes Sohn!«* Christus, das ist das griechische Wort für des hebräische Wort Messias. Das bedeutet »Gesalbter« und hat die Jünger sofort an den mit dem seit tausend Jahren in der Nachfolge Davids erwarteten Messias erinnert. Da klangen Bibelworte an, die sie schon als Kinder auswendig gelernt hatten, wie zum Beispiel aus dem 2. Psalm, der zur Inthronisation eines Königs in Jerusalem gesprochen wurde: *»Du bist mein Sohn, heute habe ich dich gezeugt.«* (Psalm 2,7) Gott würde sich zu dem von ihm erwählten Heilsbringer für Israel und Retter der ganzen Welt bekennen.

Da ist es für Jesus ganz klar. Diese Erkenntnis ist Menschen aufgrund ihrer geschöpflichen Begrenztheit und ihrer Hinfälligkeit nicht möglich. Einen solchen Einblick in das erwählende Handeln Gottes kann kein Mensch aus sich heraus haben, sondern nur dann, wenn es ihm von Gott, von außen, durch Offenbarung gegeben wird. Hinter der Erkenntnis, dass dieser Jesus von Nazareth der von Gott gesandte Erlöser ist, der Christus, muss Gott selber stecken. Genau das führt Jesus aus und antwortet auf die Christuserkenntnis des Petrus: *»Du bist Christus!«*, mit einer Aufgabenzuschreibung für Petrus: *»Du bist Petrus!«*

Spricht Petrus aus, welches Amt Jesus im Heilsplan Gottes erfüllt, so schafft Jesus für Petrus ein neues Amt, das für die zukünftige Gemeinde von großer Bedeutung ist: *»Du bist Petrus, und auf diesem Felsen will ich meine Gemeinde bauen, und die Pforten der Hölle sollen sie nicht überwältigen.«* Wer Christus erkennt, muss auch bereit sein, sich selbst von diesem neu definieren zu lassen. Aus der Christuserkenntnis wächst ein neues Selbstverständnis. Christus sagt uns, wer wir wirklich sind.

Und dieser Fischer vom See Genezareth, dieser offensichtlich begeisternde und begeisterungsfähige Mann, eine Führungspersönlichkeit, soll die Grundlage, die Basis sein, auf die Jesus seine Gemeinde bauen will. Jesus gebraucht hier ein Wortspiel. Denn der Name Petrus bedeutet im Griechischen Felsen. Und auch diese Zusage eines Amtes für Petrus ist ungeheuerlich. Denn diese Person, sein Wirken, seine Erkenntnis soll eine gute Grundlage für den Gemeindebau sein.

Darum geht es. Um den Bau der Gemeinde. Deswegen veranstaltet Gott diese ganze Vorstellung. Er will Gemeinde bauen. Liebe Gemeinde, was uns fehlt in Vorpommern, sind Menschen, die Gott mit dem Mund loben und mit ihrem Leben ehren. Uns fehlt lebendige Gemeinde. Jesus aber will Gemeinde bauen. Jesus will Menschen, die gemeinsam den Willen Gottes leben. Gemeinde, das ist ein Stück Himmel auf Erden. Diese Gemeinde Gottes gibt es in vielfältigen Formen. Eine Form ist die ganz normale Ortsgemeinde. Menschen, die in einer Region wohnen und sich in einem Kirchenraum zum Gottesdienst treffen. Daneben gibt es – wir haben es ja gerade hier in Verchen gelernt – auch andere, intensivere Formen, Glaubensgemeinschaft zu leben, zum Beispiel ein Kloster. Ein Kloster ist eine vom Gebet getragene, konzentrierte Form der Gemeinde. Daneben gibt es noch andere, oft auf Lebensphasen beschränkte Formen, Gemeinde zu leben, wie zum Beispiel in der Jungen Gemeinde oder der Studentengemeinde.

Aber in welcher Form Gemeinde auch immer existiert, sie hat die Zusage Jesu, dass die Gemeinde bleibt. Wir leben in der Zeit eines Umbruchs. Manchmal sind wir erschrocken, was aus unserer guten alten pommerschen Kirche wird. Es hat schon viele Veränderungen gegeben, und wir werden auch in Zukunft nicht von Wandel verschont bleiben. Die Formen mögen sich wandeln, doch die Gemeinde Jesu Christi als solche wird bleiben. Jesus sagt: Selbst die geballte Macht der Vergänglichkeit, die »Pforten der Hölle« können ihr nichts anhaben. Diese Zusage ist sehr tröstlich. Sie tröstet uns auch in einer Situation des Abschieds von uns lieb gewordenen Schwestern, über deren Ankunft vor zwölf Jahren wir uns unglaublich gefreut haben und mit deren Wirken unter uns wir einen Aufbruch verbunden haben. Aber wenn selbst die Pforten der Hölle der Gemeinde nichts anhaben können, dann werden wir die Veränderung durch den leider notwendigen Weggang der Schwestern als Gemeinde ebenfalls aushalten.

Der Apostel Petrus bekommt durch Jesus eine ungeheure Vollmacht. Er bekommt die »Schlüssel des Himmelreichs« überreicht. Was ist das? Was ist das Petrusamt? Ist dieses Petrusamt nur auf diese besondere, einmalige Person des Petrus bezogen?

Entscheidend sind die Christuserkenntnis und das Christusbekenntnis. Auf die Klarheit kommt es an, zu wissen, wen wir in Jesus Christus vor uns haben. In der Nachfolge des Petrus steht jede und jeder, der in dieser Deutlichkeit wie Petrus die Wahrheit über Jesus Christus erkennt und vor den Menschen bezeugt. In der Klarheit der Verkündigung liegen die Schlüssel zum Himmelreich. Eine Kirche, die den Menschen nicht deutlich verkündigt, was es mit Jesus auf sich hat, die seine Bedeutung als Erlöser verdunkelt und nicht klar sagt, wie Christus uns hilft, in den Himmel zu kommen, eine solche Kirche schließt den Menschen den Himmel zu und baut keine Gemeinde auf. Wir haben aber diesen Zuspruch: *»Was du auf Erden binden wirst, soll auch im Himmel gebunden sein, und was du auf Erden lösen wirst, soll auch im Himmel gelöst sein«* (V. 19). »Binden und lösen«, das meint, etwas im Glauben für verbindlich erklären oder für unverbindlich erklären zu können. Es gibt eine klare Erkenntnis des Gotteswillens, und deswegen können wir auch in Jesu Namen bestimmte Dinge für verboten oder für erlaubt erklären. »Binden und lösen«, das meint nichts anderes als die Anwendung und Auslegung des Gotteswillens. Das eine geht und das andere geht eben nicht im Namen Gottes. Die Lehre der wahren Kirche, der Kirche in der Nachfolge des Petrus, hat ewigkeitliche Konsequenzen.

Liebe Schwestern, gerade das war und das ist an Euch so anschaulich geworden. Die Verchener haben Euch beobachtet und waren beeindruckt. So sieht Christsein aus. Eure Weise, die monastischen Tugenden »Armut, Keuschheit und Gehorsam« zu leben, spiegelte sich in dem, wie ihr in Verchen mit den Pommern lebtet: bescheiden und einfach, auf Gott konzentriert und in Liebe allen Menschen zugewandt. Es war Eure Erkenntnis Jesu Christi, die Euch zu solchem Selbstverständnis führte. So seid Ihr durch Eure bloße Existenz ein deutlicher Hinweis auf Gott und eine Einladung zu einem Leben mit ihm.

Aber nun kommt der Abschied. Und da fragen viele: Was ist nun mit der Klarheit der Christuserkenntnis und dem Vorleben des Glaubens? Ist das nun hier unter uns nicht mehr nötig? Hatte der Heilige Geist die Schwestern nicht hierhergeführt, und ist ihre Aufgabe nicht unter uns? – Aber alles hat seine Zeit! Wir haben elf wertvolle Jahre miteinander gelebt. Nun haben diejenigen, die die Freude hatten, mit den Schwestern zu leben, die Aufgabe, Christus zu bekennen und den Glauben zu leben.

Jesus war mit seinen Jüngern nur drei Jahre zusammen. Auch damals wäre noch so viel zu sagen und zu tun gewesen, aber dann war der Weg Jesu auf dieser Erde zu Ende, und er ging zurück zum Vater. Pfingsten sandte er uns seinen Geist. Und auch Paulus ist immer nur eine begrenzte Zeit in den Gemeinden gewesen, um dann zu neuen Orten und neuen Ufern aufzubrechen. Wir sind dankbar für jedes gemeinsame Jahr, für jeden Monat, für jede Stunde, die wir miteinander gehabt haben. Und ich bin gewiss: Es werden ewigkeitliche Folgen bleiben. Es gibt Menschen, denen ist der Himmel aufgeschlossen worden. Und wir werden in der einen Kirche Jesu Christi in Beziehung bleiben, auch wenn wir räumlich getrennt sind.

Liebe Schwestern, Ihr habt uns viel gegeben, aber Ihr werdet auch viel mitnehmen aus Pommern. Ihr seid um pommersche Erfahrungen reicher geworden. Und wenn es nur dies ist, dass viele in Pommern Sehnsucht haben nach klarer Christuserkenntnis und gemeinsamem Leben.

Im Gebet, im Wachsen der Christuserkenntnis und in der Zuverlässigkeit, für das einmal Erkannte auch einzutreten, bleiben wir miteinander verbunden. Der lebendige Gott, der in Jesus Christus uns seinen Willen deutlich gezeigt hat und der in seinem Geist unter uns ist, führe uns in Franken und in Pommern auf seinen Wegen, und am Ende führe er uns zu sich.

»Waren wir nicht Feuer und Flamme?«[1]

Lukas 24,13–35

13 Am selben Tag waren zwei Jünger unterwegs zu dem Dorf Emmaus. Es liegt etwa sechzig Stadien von Jerusalem entfernt. 14 Sie unterhielten sich über alles, was sie in den letzten Tagen erlebt hatten. 15 Dann, während sie noch miteinander redeten und hin und her überlegten, kam Jesus selbst dazu und schloss sich ihnen an.

16 Aber es war, als ob ihnen jemand die Augen zuhielt, und sie erkannten ihn nicht.

17 Er fragte sie: »Worüber seid ihr unterwegs so sehr ins Gespräch vertieft?« Da blieben sie traurig stehen. 18 Der eine – er hieß Kleopas – antwortete ihm: »Du bist wohl der Einzige in Jerusalem, der nicht weiß, was dort in diesen Tagen passiert ist?«

19 Jesus fragte sie: »Was denn?« Sie sagten zu ihm: »Das mit Jesus von Nazaret! Er war ein großer Prophet. Das hat er durch sein Wirken und mit seinen Worten vor Gott und vor dem ganzen Volk gezeigt. 20 Unsere führenden Priester und die anderen Mitglieder des jüdischen Rates haben dafür gesorgt, dass er zum Tod verurteilt und gekreuzigt wurde. 21 Wir hatten doch gehofft, dass er es ist, der Israel erlösen soll. Aber nun ist es schon drei Tage her, seit das alles geschehen ist. 22 Und dann haben uns einige Frauen, die zu uns gehören, aus der Fassung gebracht: Sie waren frühmorgens am Grab. 23 Aber sie konnten seinen Leichnam nicht finden. Sie kamen zurück und berichteten: ›Wir haben Engel gesehen. Die haben uns gesagt, dass Jesus lebt!‹ 24 Einige von uns sind sofort zum Grab gelaufen. Sie fanden alles so vor, wie die Frauen gesagt haben – aber Jesus selbst haben sie nicht gesehen.«

25 Da sagte Jesus zu den beiden: »Warum seid ihr so begriffsstutzig und tut euch so schwer damit zu glauben, was die Propheten gesagt haben? 26 Musste der Christus das nicht alles erleiden, um in die Herrlichkeit seines Reiches zu gelangen?« 27 Und Jesus erklärte ihnen, was in den Heiligen Schriften über ihn gesagt wurde – angefangen bei Mose bis hin zu allen Propheten.

28 So kamen sie zu dem Dorf, zu dem sie unterwegs waren. Jesus tat so, als wollte er weiterziehen. 29 Da drängten sie ihn: »Bleibe doch bei uns! Es ist fast Abend

---

[1]   Predigt gehalten im Verabschiedungsgottesdienst als Bischof am 14. September 2019 im Dom St. Nikolai zu Greifswald.

und der Tag geht zu Ende!« Er ging mit ihnen ins Haus und blieb dort. 30 Dann, nachdem er sich mit ihnen zum Essen niedergelassen hatte, nahm er das Brot und sprach das Dankgebet. Er brach das Brot in Stücke und gab es ihnen.

31 Da fiel es ihnen wie Schuppen von den Augen und sie erkannten ihn. Im selben Augenblick verschwand er vor ihnen. 32 Sie sagten zueinander: »War unser Herz nicht Feuer und Flamme, als er unterwegs mit uns redete und uns die Heiligen Schriften erklärte?«

33 Und sofort sprangen sie auf und liefen nach Jerusalem zurück. Dort fanden sie die elf Jünger beieinander, zusammen mit allen anderen, die zu ihnen gehörten. 34 Die Jünger riefen ihnen zu: »Der Herr ist wirklich auferstanden! Er hat sich Simon gezeigt!« 35 Da erzählten die beiden, was sie unterwegs erlebt hatten und wie sie den Herrn erkannten, als er das Brot in Stücke brach.

Da gehen zwei miteinander. Schritt für Schritt. Das Gehen fällt schwer. Eine Last liegt auf ihren Schultern. Sie kommen von Jerusalem. Sie wollen nach Emmaus, einem Dorf etwa 23 Kilometer Wegstrecke von Jerusalem entfernt.

Sie sprechen über das, was sie erlebt haben. Sie waren enttäuschte Menschen. Zu oft waren sie schon desillusioniert worden. Das Leben unter Besatzung war entwürdigend. Wahrscheinlich können die unter uns, die die DDR am eigenen Leibe erfahren haben, sich am besten vorstellen, was Leben unter Besatzung heißt. Nämlich: Freiheit entbehren zu müssen. Und am eigenen Leib, an eigener Seele erfahren zu müssen, wie andere über einen bestimmen. Auch zur Zeit Jesu war es so, dass die, die Befreiung versprachen, alle versagt hatten. Die einen kollaborierten mit der Besatzungsmacht, den Römern, und gewannen einen bescheidenen Reichtum. Die anderen riefen zur Waffe. Keinem konnte man vertrauen.

Dann war Jesus aufgetreten. Er war glaubwürdig gewesen. Seine Botschaft war so anders: sich nicht zufriedengeben mit dem materiellen Glück, kein Krieg gegen die Besatzer, keine ewige Konfrontation, sondern Überwindung der Gewalt. »Selig sind die Sanftmütigen, denn sie werden das Land besitzen!« (Matthäus 5,5)

Was der alte Glaube verheißen hatte – endlich einmal Boden unter den Füßen zu haben, zu wissen, wohin man gehört, zuhause bei Gott zu sein –, bei Jesus konnte man das alles finden: »Selig sind, die auf der Suche nach Gott sind (»geistlich arm sind«), ihnen gehört das Himmelreich.« (Matthäus 5,3)

Sie hatten sich ihm angeschlossen. Für Jesus hatten sie ihre ganze Lebensplanung umgeworfen. Alles hatten sie auf ihn neu geordnet. Es schien so vielversprechend. Und nun war er tot. Damit war ihre ganze Hoffnung wieder am Ende – schon wieder!

»Vielleicht wird's nie wieder so schön.« Dieses Lied von Gerhard Schöne, in dem er die Stimmung einfängt, die in einmaligen Situationen entsteht, mag auch die Gemütslage wiedergeben, die die Jüngerinnen und Jünger bestimmt hat: »Nie wieder so schön!« Gerhard Schöne beschreibt Momente, in denen einem Kind, einem Jugendlichen oder jungen Erwachsenen ein Schauer über den Rücken lief, weil sie sich tief geborgen oder aufgeweckt oder miteinander verbunden gefühlt haben. Das sind Gefühle, an die man sich ein Leben lang erinnert, aber die dann so auch nie wieder empfunden werden. Prägt solch ein Gefühl nicht auch unsere Stimmung? »Nie wieder so schön.«

Wir sind einen langen Weg gegangen. 18 Jahre, viele Kilometer, immer in Gemeinschaft. In der ersten Zeit war da Sieglinde Zehm, die mir die Rätsel der Pommerschen Kirche erschloss. Unermüdlich mit auf dem Weg waren die Brüder Hans-Martin Moderow, der früh verstorbene theologische Oberkonsistorialrat, und Propst Friedrich Harder. Pommern, das Land mit seiner stolzen Geschichte und großen Verwundungen, zu verstehen, war für mich zunächst nicht einfach. Aber wenn wir Weggefährten haben, dann wird jeder Tritt leicht. Da trifft man auch schon einmal alte Wegbegleiter wieder. Michael Herbst war schon einmal in Münster, sozusagen in einem anderen Leben, unser Gemeindepfarrer. Hier nahmen wir unsere Arbeitsgemeinschaft wieder auf und gründeten gleich gemeinsam das IEEG, das »Institut zur Erforschung von Evangelisation und Gemeindeentwicklung«. 15 Jahre gibt es dieses für die deutsche evangelische wissenschaftliche Szene einmalige Institut bereits.

Auf dem Weg zur Nordkirche hätten wir uns verlaufen ohne Bärbel Wartenberg-Potter, Gerhard Ulrich, Andreas von Maltzahn und Rainer Dally. Gerade die letzten drei standen mir in einer Zeit der großen Krise sehr brüderlich bei. Viele weitere wären noch zu nennen. Aus der Kirchenleitung, in der es nicht immer einfach war, von der ich aber durch die hohe Kompetenz der Ehrenamtlichen und ihrem Engagement tief beeindruckt worden bin, schon damals zu Zeiten der Pommerschen Kirche und fast noch mehr jetzt in der Nordkirche. Ich nenne nur stellvertretend für alle den verstorbenen Juristen Fritz Bonde aus Bordesholm, auch ein Vater der Nordkirche, und aus Pommern Matthias Bartels. Es ist ein Geschenk, dass sich immer wieder Wegbegleiter gefunden haben. Aus Pommern sind stellvertretend für die Synode Elke König, in verschiedenen synodalen präsidialen Verantwortlichkeiten, und Gerd Panknin für die Pröpste zu nennen. Aber immer wieder ergab sich Weggemeinschaft mit vielen anderen. Besonders bereichernd empfinde ich die Gemeinschaft mit den jüngeren Pastorinnen und Pastoren. Da kamen neue Ideen in mein Leben und in meinen Kopf. Durch die Ordinationsvorbereitung entsteht ein Kontakt, der zum Teil punktuell, zum Teil auch durch längere gemeinsame Wegstrecken vertieft wird. Gerade weil viele auch vieles anders denken und glauben, bereichert sich unser gemeinsamer Weg. Einerseits schenkt man sich nichts, andererseits steht man beieinander, weil einen etwas – oder einer – zueinandergeführt hat. Das Schönste am christlichen Glauben sind diese Weggemeinschaften, die Gott uns schenkt.

Ich könnte noch viele nennen. Zwei ganz besondere will ich nicht übergehen. Wir sind in eine weltumspannende Kirche hineingestellt. Zu den besonders

bereichernden Weggemeinschaften gehört die Räume und Kulturen überschreitende Gemeinschaft mit unseren Geschwistern in der Ökumene. Am
meisten habe ich gelernt durch unsere Geschwister aus den Partnerkirchen, aus
Polen, aus Tansania, Südafrika, aus Schweden, aus den USA und aus Palästina. Es
gibt andere Logiken, andere Erfahrungen und Frieden, trotz aller Verletzungen,
die wir uns in der Vergangenheit zugefügt haben. Die Kirche Jesu Christi lebt die
Versöhnung, die diese Welt so sehr braucht. Nein, auch nicht überall, aber unter
uns durfte ich sie erfahren, zuletzt wieder in der herzlichen Gemeinschaft, die wir
bei einem ökumenischen Gottesdienst anlässlich des 80. Jahrestages des ver-
brecherischen Überfalls der Deutschen Wehrmacht auf Polen am 1. September in
der Friedenskirche in Jawor in Schlesien gelebt haben.

Das andere Geschenk einer Weggemeinschaft, das Gott mir gemacht hat, ist
die vertrauensvolle Zusammenarbeit in der Bischofskanzlei in all den Jahren
gewesen. Eine wie die andere haben alles gegeben, Ramona Thurow, Annette
Klinkhardt, Juliane Herdel und Dieter Brandenburg. Es ist etwas unglaublich
Kostbares, wenn nicht nur die gleiche Aufgabe, sondern auch der Glaube an den
gleichen Herrn die Zusammenarbeitenden verbindet. Davon hat der Europäische
Gerichtshof keine Ahnung.[2]

Und so gab es viele Weggemeinschaften – über kürzere und über lange
Strecken, manchmal auch über Durststrecken, die mich bereichert haben und die
mir das Land am Meer haben Heimat werden lassen.

Da gehen zwei miteinander. Plötzlich tritt ein Dritter hinzu. Wir, die wir die
Emmausgeschichte hören oder lesen, wissen es: Das ist Jesus! Der, den die Jünger
so sehr vermissen, der, dessen Verlust die Ursache für ihre Niedergeschlagen-
heit ist, der ist nun mitten bei ihnen. Hier setzt das große Erstaunen ein. Alle
durchblicken die Lage, nur die beiden, die da miteinander gehen, erkennen sie
nicht. Die BasisBibel übersetzt den Vers 16: *»Als ob ihnen jemand die Augen
zuhielt«.*

---

[2] Am 17. April 2018 hat der Europäische Gerichtshof (Az. C-414/16) entschieden, dass
kirchliche Arbeitgeber zukünftig bei jeder zu besetzenden Stelle zwischen dem Selbstbestimmungsrecht der Kirchen und den Anforderungen der konkreten Stelle abwägen müssen,
ob diese eine Konfessionszugehörigkeit erfordere. Es wird schwer sein, für die Stelle eines
Fahrers die Notwendigkeit einer Kirchenmitgliedschaft darzulegen. Trotzdem ist es in den
Stresssituationen eines Bischofsalltags ein unendlich großer Gewinn, wenn er sich auf einen
auch in der Geschichte der Kirche bewanderten und in den Überzeugungen mit ihm über-
einstimmenden Mitarbeiter verlassen kann. Wie aufschlussreich waren z. B. die Gespräche
während der Fahrten über die Diskriminierungserfahrungen der Christen in DDR-Zeiten! Vgl.
die Berichterstattung über das Urteil in Der Tagesspiegel, https://www.tagesspiegel.de/poli
tik/eugh-urteil-kirchliche-arbeitgeber-duerfen-konfession-nicht-immer-fordern/21182122.
html, und in Der Spiegel, https://www.spiegel.de/karriere/eugh-was-bedeutet-das-urteil-zur-
konfession-a-1203324.html (beide aufgesucht am 15. 9. 2020).

Dabei ist er doch da. Er lebt. Da wissen wir es schon – die Jünger noch nicht: Es ist nicht alles umsonst gewesen. Auch unsere Weggemeinschaft wird geadelt durch die Anwesenheit Jesu Christi. Zwei oder drei gehen miteinander, aber sie sind bewegt und berührt dadurch, dass da ein anderer ist, den wir oft nicht wahrnehmen, aber der dennoch da ist. Ohne ihn wäre seine Kirche nichts. Mit ihm ist sie etwas Einzigartiges, unvergleichlich mit Institutionen, Organisationen oder Bewegungen. Aber wir, seine Kirche, merken es nicht, so wie die Jünger es nicht gemerkt haben, dass Jesus da war.

Und um erzählerisch die Spannung auf die Spitze zu treiben, fragt der nicht erkannte Jesus die beiden: *»Worüber seid ihr unterwegs so sehr ins Gespräch vertieft?«* Da müssen sie traurig stehen bleiben. Der eine Jünger – Kleopas mit Namen – fährt den unbekannten Fremden beinahe an: *»Du bist wohl der Einzige in Jerusalem, der nicht weiß, was dort in diesen Tagen passiert ist?«* Und dann erzählen sie ihm ihre Geschichte. Die Geschichte ihrer Hoffnung und ihrer übergroßen Enttäuschung. Die Geschichte, wie sie gehofft hatten, dass er »*Israel erlösen soll*« (V. 21). Sie hatten doch gehofft, dass er die Probleme dieser Welt wieder lösen würde. Aber die Hoffnung, »*Israel zu erlösen*«, war zu klein gedacht. Ja, sogar die Hoffnung, unsere Ungerechtigkeitsprobleme und Nachhaltigkeitsfragen zu lösen, ist zu klein gedacht. Israel wird erlöst, aber nicht nur Israel. Die Welt liegt im Argen, aber es ist zu wenig, Jesus als Lösung für die uns unlösbaren Probleme zu verstehen. Jesus schließt nicht unsere Gerechtigkeitslücken, und er stoppt nicht den Klimawandel. Das ist unsere Aufgabe. Für viele ist das eine enttäuschte Hoffnung. Doch das ist zu klein gedacht. Jesus rettet nicht nur die Welt, wie Tim Bendzko (»Nur noch kurz die Welt retten ...«) sich das erhofft, sondern er verwandelt sie. Jesus verwandelt die Welt zu einem Ort des Lebens.

Und diese Verwandlung hat mit seiner Auferstehung bereits begonnen. Davon hatten die Frauen, die am Ostermorgen zum Grab gelaufen waren, erzählt. Aber die Jünger hatten nichts verstanden. Und dann legt ihnen der Auferstandene selbst, den sie immer noch nicht erkannt haben, die Bibel aus. Er redet von der Notwendigkeit des Leidens zur Erlösung der Welt und erneuert in ihnen die Hoffnung auf den Messias, auf den Weltverwandler.

Sie haben es immer noch nicht verstanden, aber sie wollen den Unbekannten auch nicht einfach so ziehen lassen. Irgendetwas hält sie bei ihm. Und als das Dorf Emmaus erscheint, bitten sie ihn, bei ihnen zu bleiben mit den Worten, die zum Kanon geworden sind: *»Herr, bleibe bei uns, denn es will Abend werden und der Tag hat sich geneiget.«*

Dieses Wort wird mir zum Wunsch für mein Alter. Dass ich in eine neue Lebensphase eintrete nicht ohne die Anwesenheit Jesu Christi. Dass im Alter keine Verbitterung eintritt und keine Perspektivlosigkeit, keine Selbstbeschäftigung und kein Selbstmitleid. Das Wort aus dem Volksmund sagt ja etwas Wahres: »Wenn du älter als 50 Jahre bist und wachst morgens auf und es tut dir nichts weh, dann bist du tot.« Man könnte sich im fortgeschrittenen Alter von seinen Krankheiten, Schmerzen und Nöten erzählen, aber das ist langweilig. Viel besser ist es, sich daran zu erinnern, dass der Abend kommt, aber dieser Abend uns nicht bedrängt und kein Fürchten lehrt, sondern gefüllt ist mit der Anwesenheit Gottes. Wie bei den Emmausjüngern, so ist Jesus auch bei uns da.

Und wirklich, Jesus lässt sich überreden und bleibt bei ihnen. Und dann geschieht das Merkwürdige. Als sie miteinander zu Abend essen, wird er, der fremde Gast, auf einmal zum Gastgeber. Er nimmt das Brot, bricht es in Stücke und gibt es den Jüngern. *»Da fiel es ihnen wie Schuppen von den Augen und sie erkannten ihn. Im selben Augenblick verschwand er vor ihnen.«* (V. 31) Dies ist die Schlüsselszene der ganzen Emmaus-Geschichte. An der Feier des Heiligen Abendmahls gesundet der Glaube. Wie Schuppen fiel es ihnen von den Augen. Im gleichen Augenblick entzieht sich Jesus ihnen. Bei jeder Mahlfeier, auch gleich in diesem Gottesdienst, vergewissert Jesus uns seiner Liebe. Er ist der, der schon immer da ist, auch wenn wir ihn nicht spüren.

Ich lade dich an meinen Tisch. Es wird alles gut. Es wird wieder so schön. Jedes Mal, wenn wir Gottesdienst feiern, tritt er neu in unser Leben – durch sein Wort, durch die Erinnerung an die Taufe, durch die Feier des Heiligen Mahles. Darum brauchen wir die Auferstehung, nicht nur Ostern und einmal im Jahr, sondern das ganze Jahr lang. Jeder Gottesdienst befreit uns neu zum Leben. Unsere Situation ist immer gekennzeichnet davon, dass sich Jesus genau dann, wenn unser Herz brennt, wenn wir in der Rückerinnerung »Feuer und Flamme« sind, dass er sich uns dann auch wieder entzieht. Das Christenleben ereignet sich in diesem Spannungsfeld aus Gottesnähe und Gottesferne. So ist das Christenleben. Aber auch dann, wenn Gott scheinbar nicht da ist, ist er schon längst in unser Leben getreten, wie Jesus auf dem Weg nach Emmaus die beiden Jünger schon längst begleitet, obwohl sie es nicht gemerkt haben. Das Gefühl seiner Nähe vermittelt sich bei der Feier des Heiligen Mahls.

Und da gehen die Zwei wieder miteinander und sie gehen diesmal zurück nach Jerusalem. Auch unser Weg geht weiter. Wir hatten eine einmalige Weggemeinschaft. Wir dürfen sie in Erinnerung halten. Und wir wissen, es geht weiter, in alle Ewigkeit.

Caspar David Friedrich – die lutherische Reformation als geistige Heimat

mit Birte Frenssen

Einer der berühmtesten Söhne Greifswalds ist der am 5. September 1774 nur wenige Schritte neben der Domkirche St. Nikolai geborene und in ihr lutherisch getaufte Caspar David Friedrich. Er gilt als bedeutendster Maler der deutschen Romantik. Ab 1790 erhält Friedrich Zeichenunterricht bei dem Universitätsbau- und Zeichenmeister Johann Gottfried Quistorp. Von 1794 bis 1798 studiert er an der Kunstakademie in Kopenhagen. 1798 geht er nach Dresden, wo er bis zu seinem Lebensende seinen Wohnsitz nimmt. Immer wieder zieht es ihn aber ins heutige Vorpommern, besonders nach Greifswald, wo seine Verwandten wohnen, und nach Rügen. Nie ist Friedrich in den Süden Europas gereist, nie hat er Italien oder Frankreich oder Griechenland gesehen. Kunst, die durch den Rückgriff auf die Antike inspiriert war, erscheint ihm als undeutsch und rückwärtsgewandt. Erst als 43-Jähriger heiratet er die 19 Jahre jüngere Caroline Bommer. Mit ihr wird er drei Kinder haben. Nach einem wechselvollen Leben, in dem Friedrich mit vielen Geistesgrößen (unter ihnen Johann Wolfgang von Goethe und Ernst Moritz Arndt) in Austausch steht, stirbt er am 7. Mai 1840 in Dresden.

Der Ruhm Friedrichs setzte erst im 20. Jahrhundert so recht ein. Typisch für ihn sind die Landschaftsbilder, die aber alle auch einen religiösen Bezug haben. Man hat ihn deswegen für einen Pantheisten gehalten. Aber für Friedrich sind Gott und Welt nicht identisch. Vielmehr ist der Gott der Bibel überall in der Welt zu finden. Was ist dann die geistige Heimat des Malers Caspar David Friedrich? Um diese Frage zu beantworten, ist ein Blick auf einige bisher weniger beachtete Werke Friedrichs aufschlussreich.

Im Herbst 1815 verbrachte er nach einer Rügenreise noch einige Zeit bei seinen Brüdern und Verwandten in Greifswald. Am 9. September, vier Tage nach seinem 41. Geburtstag, zeichnete er die in der Nähe seines Elternhauses gelegene Jacobikirche von außen. Als Friedrich sich diesem Kirchenbau etwa zwei Jahre später erneut zuwendet (siehe S. 10), traut man seinen Augen kaum. Nun blicken wir von innen auf den ruinösen Chor der gotischen Kirche. Die Langhausgewölbe sind eingestürzt, Zuganker geborsten, Schutthalden und Architekturbruchstücke bedecken den Boden. Was war geschehen?

Caspar David Friedrich, Jacobikirche von außen (9.9.1815), Bleistift, Nationalmuseum Oslo

Caspar David Friedrich, Abtei im Eichwald (1810), Berlin, Nationalgalerie

In den Jahren der napoleonischen Besatzung, in denen die Kirche 1807 bis 1810 als Feldbäckerei und 1812/13 als Vorratsmagazin diente, wurden ihre Ausstattung und die Portalgewände tatsächlich weitgehend zerstört. Just 1817, als Friedrich an seinem Blatt arbeitete, wurde der Innenraum der Jacobikirche durch seinen Lehrer Johann Gottfried Quistorp wiederhergestellt, während die äußere Hülle zu keiner Zeit als gefährdet galt. Gerade umgekehrt haben sich in Friedrichs Zeichnung in der so zerstörten, des Daches und der Gewölbe beraubten Kirche der Altar im Chorraum, die im Schiff rechts an einem Pfeiler hängende schlichte Kanzel und vor allem ein mächtiges Kruzifix, das am Triumphbogen auf der Grenze von Chor und Schiff herabhängt, so gut wie unberührt erhalten. In seiner 1810 gemalten »Abtei im Eichwald« hatte Friedrich die vor den Toren Greifswalds liegende Ruine des Klosters Eldena mit Kruzifix, Altar und dem Zug der Mönche ausgestattet, die es zu seinen Zeiten in dem verlassenen Gemäuer schon längst nicht mehr gab. Jetzt ging er noch einen Schritt weiter und setzte die erfundene Ausstattung in die vor seinem geistigen Auge zur Ruine verwandelten Jacobikirche, die sie nie gewesen war. Dichtung und Wahrheit verbinden sich: Ausgangspunkt ist der seit Kindertagen vertraute Kirchenbau, der aber dichterisch frei behandelt und mit Stimmung erfüllt zur Metapher wird – zu einem Sinnbild für die Situation der Kirche seiner Zeit.

In einem nicht genauer datierbaren Brieffragment, das sich in einem um 1830 niedergeschriebenen Manuskript befindet, schreibt Friedrich von einem besonders großen Gemälde, an dem er gerade arbeitet: »Es stellt ... das Innere einer zerfallenen Kirche dar. Und zwar hab ich den schönen noch bestehenden und gut erhaltenen Dom zu Meißen zu Grunde gelegt. Aus dem hohen Schutt, der den inneren Raum anfüllt, ragen die mächtigen Pfeiler mit schlanken zierlichen Säulen hervor und tragen zum Teil noch die hochgespannte Wölbung. Die Zeit der Herrlichkeit des Tempels und seiner Diener ist dahin, und aus dem zertrümmerten Ganzen eine andere Zeit und ein anderes Verlangen nach Klarheit und Wahrheit hervorgegangen. Hohe, schlanke, immergrüne Fichten sind dem Schutte entwachsen und auf morschen Heiligenbildern, zerstörten Altären und zerbrochenen Weihkesseln steht, mit der Bibel in der linken Hand, und die rechte aufs Herz gelegt, an den Überresten eines bischöflichen Denkmales gelehnt, ein evangelischer Geistlicher, die Augen zum blauen Himmel gerichtet, sinnend die lichten leichten Wölkchen betrachtend.«[1]

Gerade Ruinen können den Blick auf das Wesentliche eröffnen, nicht in der äußeren Prachtentfaltung, sondern in dem Inhalt, für den die Kirchen als steinerne Hüllen stehen. In der Zeichnung der imaginierten Ruine der Jacobikirche wendet sich ein Paar, verloren in dem riesigen Raum, zum Kruzifix, das klein ist, aber für den Betrachter, der es einmal entdeckt hat, die Bildmitte zentral bestimmt und der Zeichnung ihre innere Ausrichtung gibt. Friedrich konzentriert

---

[1]   Caspar David Friedrich, Bekenntnisse, hrsg. v. Kurt Eberlein, Leipzig 1924, 143 f.

den Blick auf das Wesentliche, wie auch die Bleistiftstriche zeigen, mit denen er am Schluss auch noch den Altar für eine spätere Ausführung durchstreicht, um den Blick allein auf den gekreuzigten Christus zu lenken.

Hier stoßen wir auf das Motiv, das Friedrichs Denken fundamental bestimmt. Es ist das Kreuz Christi, immer wieder das Kreuz. Schon 1809 hatte Friedrich in Erläuterung seines umstrittenen Bildes »Das Kreuz im Gebirge« (1808) gesagt: »Auf einem Felsen steht aufgerichtet das Kreuz, unerschütterlich fest, wie unser Glaube an Jesum Christum. Immer grün durch alle Zeiten während stehen die Tannen ums Kreuz, gleich unserer Hoffnung auf ihn, den Gekreuzigten.« Diese Kreuzestheologie gilt zu Recht als typisch lutherisch. So hatte Martin Luther in der Heidelberger Disputation von 1518 definiert, was ein Theologe ist: »Nicht der heißt mit Recht ein Theologe, der Gottes unsichtbares Wesen durch seine Werke wahrnimmt und versteht, sondern der ... der das, was von Gottes Wesen sichtbar und der Welt zugewandt ist, als in Leiden und im Kreuz dargestellt, begreift« (These 19 u. 20). Schon die malerische Grundmaxime Friedrichs könnte man als von dieser theologischen Aussage inspiriert ansehen, wenn er sagt: »Der Maler soll nicht bloß malen, was er vor sich sieht, sondern auch, was er in sich sieht. Sieht er aber nichts in sich, so unterlasse er auch zu malen, was er vor sich sieht.«

In einer Kirchenruine malt Friedrich, was allein einer Kirche Sinn und Kraft gibt. Unter dem Anschein des Gegenteils stellt er dar, worin das Wesen des christlichen Glaubens liegt. In diesem Sinne ist Caspar David Friedrich ein religiöser Maler. Die äußere Wirklichkeit wird durchscheinend für die eigentliche Wirklichkeit, für Gott, für die Transzendenz. Das Kreuz Jesu Christi ist auf eine verborgene Weise das Zentrum des christlichen Glaubens. Das Transzendente wird in dieser Welt nur in paradoxen Symbolen erkennbar: Der, der das Leben ist, stirbt. In seinem Sterben liegt die Kraft der Erlösung. Im Untergang am Kreuz deutet sich bereits der Triumph der Auferstehung an. Wer Augen hat zu sehen, erkennt bereits im Sterben am Kreuz das neue, ewige Leben.

So schrieb auch der mit Caspar David Friedrich und Philipp Otto Runge verwandte Franz Christian Boll, Prediger an der St. Marienkirche in Neubrandenburg, in seinem Buch »Von dem Verfalle und der Wiederherstellung der Religiosität, mit besonderer Hinsicht auf das protestantische Deutschland« (1809/10): »Wir haben nun das Recht, uns Kinder Gottes zu nennen – Opfer und Priester, als Mittelspersonen zwischen Gott und Menschen, können nun natürlicher Weise nicht mehr Statt finden – ›wir alle‹, heißt es, ›sind Priester, können uns Gott in gleichem Grade nähern, Alle in sein Heiligthum treten, Kinder dürfen sich nicht durch Andere bei Ihrem Vater einführen lassen; das einzige Opfer für die Sünden der Menschen, wodurch Alle der Gnade Gottes versichert werden sollen, hat Jesus selbst in seinem Tode dargebracht.«[2]

Und wie der Maler gebraucht auch er die Ruine, um das Weichen der alten, äußeren Formen, das andere Verlangen nach Klarheit und Wahrheit seit der Reformation zu verbildlichen: »... die Eintags-Weisheit glaubte Alles besser zu verstehen, als die edelsten und weisesten Menschen der Vorzeit zusammengenommen es verstanden und geordnet hatten; was sie aber an die Stelle des Alten setzte, starb oft schnell wieder nach seiner Geburt; und so wandeln wir denn unter vielen Ruinen, alten, ehrwürdigen, und sehr neuen ... Man muß, man wird endlich wieder ans Aufbauen gehen; denn in Trümmern wohnt's sich schlecht – das fühlen alle!«[3] In seinem leidenschaftlichen Plädoyer für die Wiederherstellung der Religiosität erkannte er die Pflicht, das bisherige Gebäude durch die helfende, bessernde Hand bald wieder in einen herrlichen Tempel zu verwandeln. Schon sah er in seiner Zeit einzelne Lichtstrahlen durchbrechen, wie Friedrich in seinen Werken den blauen Himmel aufleuchten oder das Licht durch die großen Ostfenster der Jacobikirche hereinfluten ließ.

Caspar David Friedrich ist an einer Erneuerung der Kirche interessiert. Durch die Rückführung auf das Wesentliche erfährt die Kirche Re-formatio. In diesem Sinn ist die lutherische Reformation seine geistige Heimat.

---

[2] Franz Christian Boll, Von dem Verfalle und der Wiederherstellung der Religiosität, mit besonderer Hinsicht auf das protestantische Deutschland. Ein Versuch einer gründlichen und allseitigen Behandlung dieses wichtigen Gegenstandes. Erster Theil, Neustrelitz 1809, 103.

[3] Franz Christian Boll, Von dem Verfalle und der Wiederherstellung der Religiosität, mit besonderer Hinsicht auf das protestantische Deutschland. Ein Versuch einer gründlichen und allseitigen Behandlung dieses wichtigen Gegenstandes. Zweiter Theil, Neustrelitz 1810, 341.

Verzeichnis der Erstveröffentlichungen

1. Mose 3,1–12, in: Matthias Augustin und Jürgen Kegler (Hrsg.), Das Alte Testament als geistige Heimat. Festgabe für Hans Walter Wolff zum 70. Geburtstag, Frankfurt ²1984, 114–123.

Bugenhagens Passions- und Auferstehungsharmonie, in: Irene Dingel und Stefan Rhein (Hrsg.), Der späte Bugenhagen, Leipzig 2011, 243–250.

Predigt über Mt 28,16–20 im Gottesdienst anlässlich der Einführung als Bischof der Pommerschen Evangelischen Kirche im Dom zu Greifswald am 16. September 2001; Erstveröffentlichung in: Theologische Beiträge, 33. Jg. (2002), 113–116.

»Caspar David Friedrich – die lutherische Reformation als geistige Heimat«, ursprünglich in einer etwas gekürzten Fassung als »Caspar David Friedrich – der Romantiker im Norden. Spuren der lutherischen Reformation im Werk Caspar David Friedrichs« (mit Birte Frensen), in: Orte der Reformation – Mecklenburg und Vorpommern, hrsg. v. Daniel Mourkojannis, Hans-Jürgen Abromeit, Andreas v. Maltzahn, Mitchell Grell, Leipzig 2014, 78 f.

Bibelstellenverzeichnis der Predigten